Clientes Contentos de Verdad

Claves para comprender a clientes y usuarios

Joan Elías

Clientes Contentos de Verdad

Claves para comprender a clientes y usuarios

GESTIÓN 2000

Primera edición: septiembre 2000
ISBN: 84-8088-536-X
Depósito Legal: B. 39.258-2000
Diseño cubierta: Jordi Xicart
Diseño ilustración: Albert Xicart
Fotocomposición: gama, sl
Impreso por Romanyà-Valls, SA; Capellades (Barcelona)
Impreso en España - *Printed in Spain*

A Magda Albero
que ha sabido encontrar
en mí una parte
que yo desconocía

Índice general

Índice de figuras

Agradecimientos

Un nuevo libro trae consigo la posibilidad de poder agradecer para siempre, la ayuda que de forma tan diversa, te prestan las personas. En primer lugar, quiero agradecerle a EADA la libertad controlada que me concede al impartir mis clases. Con ella puedo reconocer los caminos para mejorar la comunicación con los participantes a sus programas, a la vez que tengo el material más real y necesario para poder volcarlos en estas páginas.

Agradezco a las personas que, desde distintos ámbitos de la salud, me han permitido transmitir estos planteamientos a sus profesionales y comprobar que son uno de los colectivos con más energías para tratar a sus pacientes como clientes.

A los directivos que me han permitido estar cerca de sus decisiones y a las empresas que han aplicado mis consejos, deseo agradecerles su confianza.

Como en otras ocasiones, este libro ha sido leído por varias personas antes de ser impreso. Agradezco profundamente la ayuda del profesor César Mejía, de EADA, responsable de los Cursos de Dirección de Servicios, y la de Carlos Duarte, director del Departamento de Marketing de EADA.

Personas vinculadas al mundo de la Atención al Cliente me han ayudado a matizar conceptos que no se entendían. Así, agradezco sus sugerencias a Oriol Albero, subdelegado de una reconocida entidad bancaria; también a Ares Clotet, estudiante del último año de Enfermería, y a Ricard Albero, director comercial de una influyente empresa industrial, así como a Berta Utrillo, adjunta a dirección de una empresa de servicios.

Agradezco muy sinceramente los comentarios de José Mascaray, coautor del libro *Más allá de la Comunicación Interna*, los cuales han sido de gran valor en la recta final de esta obra.

Quiero tener un comentario aparte para Lourdes Bofill que, más allá de la amistad que nos une, ha sido capaz de hacerme comentarios que han mejorado el resultado final del libro.

Gracias también a Marina Elías y Magda Albero, que han leído el libro con el cariño que esperaba de ellas. Un comentario especial merece la intensa colaboración que me ha ofrecido Maria Rosa Andreu Amat. Su planteamiento crítico ha dado lugar a múltiples cambios en lo escrito y nuestras discusiones sobre la Atención al Cliente y sus retos para el siglo XXI, han creado un nuevo sentido a las palabras vertidas en este libro. Muchas gracias por ello.

Agradezco el Prólogo a Raimon Bergós. Es un honor para mí que el vicepresidente de la Organización de Consumidores y Usuarios de Cataluña, que representa a una entidad con 20 años de historia en la defensa de los clientes, avale esta obra.

Deseo tener un recuerdo especial para el doctor Álvarez de Canarias, que confió siempre en el modelo del Tubo de la Satisfacción y estuvo trabajando en él hasta mejorarlo. A él debo la publicación, por primera vez, del Tubo de la Satisfacción en una prestigiosa revista sanitaria.

Deseo agradecer su colaboración a los alumnos del Programa de Atención al Cliente de EADA, Olga Belda, Salec Bida, Marta Cobreces, Esther Gascón, Joaquim Gañan, Lluís Gombau, José Gómez, Gerardo Lahoz, M.ª Eugenia Lalinde, Francisco Picón, Montserrat Pie, Marta Sagnier, Jaime Segalés y M.ª Nieves Vicente. Quiero dejar constancia de la ayuda que me prestaron en clase los participantes en el Curso de Relaciones Públicas de EADA, Silvia Fernández, Teresa Fernández, Teodoro Fuster, Mónica García, Manuela Gho, Ana Isabel Gómez, Mónica López, Gemma Prats, Eliana Ripol y Laia Salvador.

Un agradecimiento muy sincero a todas las *assistants* de EADA que, con su profesionalidad, me ayudan a organizar mi caótica agenda.

Quisiera dedicar las útimas líneas a todos los profesores del Doctorado de la Universidad Ramon Llull. Gracias por sus enseñanzas.

Gracias, finalmente, a usted, lector, por haber escogido este libro. Si le gusta dígaselo a todo el mundo, será una buena recompensa. Si no le gusta hágalo también: será su merecida venganza.

Joan Elías
29 de febrero de 2000

Prólogo

Este nuevo libro publicado por el autor de *Organización Atenta*, constituye una aproximación científica y eminentemente práctica del concepto de calidad global de los servicios que oferta toda empresa.

Dicha aproximación se hace partiendo de un concepto de calidad novedoso, imprescindible para la implicación de todos los factores que intervienen en la organización de toda empresa para asegurar su éxito.

Directivos y empleados deben implicarse desde sus respectivas instancias con el objetivo de dar satisfacción a unos clientes-consumidores cada vez más exigentes, mejor informados y de los que, en definitiva, dependerá en buena medida el éxito comercial con el consiguiente aumento de productividad a menor coste.

El propósito fundamental del autor es cómo conseguir mantener y fidelizar al cliente con una profesionalizada Atención al Cliente. A lo largo de su planteamiento, aborda sin reparos y con toda su complejidad objetiva y subjetiva todos los elementos que desde una vertiente estrictamente empresarial deben ser tenidos en cuenta.

En este sentido, estoy convencido que el lector podrá encontrar en estas páginas numerosas ideas en las que pensar a la hora de tomar aquellas decisiones que afecten a su ámbito específico empresarial. Con su ayuda, podrá acomodar mejor su propia estructura a los nuevos retos de un mercado globalizado, en que la satisfacción al cliente y una calidad de los servicios por encima de la media de sus competidores, son en la actualidad uno de los elementos clave.

Raimon Bergós Civit
Vicepresidente de la Organización
de Consumidores y Usuarios de Cataluña

Introducción

Este es un libro de Comunicación: un apasionado intento de defender la Atención al Cliente como una nueva dimensión de la Comunicación Empresarial de tanta relevancia como las Relaciones Públicas y la Publicidad. En realidad, en la Atención al Cliente hay espíritu y formas de Relaciones Públicas y Publicidad.

Las empresas incorporan el departamento de Atención al Cliente a sus áreas de Relaciones Públicas o Marketing y se percibe de forma inequívoca cómo la relación con los clientes pasa de ser un hecho particular (de los vendedores) a uno global (de todo el personal de la empresa), y cómo, de ser un mecanismo operativo (de «cómo» se hace), se convierte en un planteamiento estratégico (de «por qué» se hace) de máxima importancia en la competitividad de las empresas.

Las universidades y las escuelas de formación profesional enseñan a sus alumnos los conocimientos necesarios para desarrollar una profesión; mientras, los jóvenes se esmeran en conocer las claves de su oficio y sueñan en encontrar trabajo lo antes posible. Sin embargo, ni unos ni otros se dan cuenta de una cuestión inevitable; en la actual sociedad-mercado nadie puede desarrollar su trabajo sin la visita de un «extraño»: el cliente. Todos y cada uno de los puestos de trabajo que se ofrecen, de una forma u otra, tienen adherido un cliente.

Y mientras nadie se preocupa de los clientes, cada uno de nosotros lo es de forma permanente viajando en una noria que, en cada una de sus vueltas, nos convierte interminablemente, de clientes a proveedores y de proveedores a clientes.

Por otro lado, aparecen los resultados de estudios que ponen de manifiesto que «más de la mitad de los clientes que reciben un trato descortés se marcha a la competencia», asegurando que muchos empleados «no son conscientes de que su forma de relacionarse deja mucho que desear y genera un perjuicio notable para su empresa». Las investigaciones[1] señalan que el 80 % de los encuestados cree que los malos modales van en aumento y que el 62 % de las respuestas señalan que la actividad que con mayor frecuencia genera la sensación de falta de respeto es una nefasta atención telefónica. Se apunta también como malos modales la falta de atención y consideración en el trato directo con el público y, ante la pregunta de cuál era la reacción ante los malos modales, el 58 % respondió que acudían a otra empresa. El comportamiento que más se valora en las

1. Eticon, Inc. *Especial Directivos* (Madrid) núm. 1003. 29 de septiembre de 1999.

relaciones empresariales y comerciales es, con un 68 % de las respuestas, una actitud amable.

Otros especialistas señalan el hecho de que todos los másters en Administración de Empresas –MBA– se centran en cómo ganar clientes pero pocos insisten en aspectos relacionados con la retención y la fidelización de éstos, especialmente desde el punto de vista de los buenos modales y la profesionalidad en el servicio a los clientes.

Sin embargo, éste no es un libro de «cómo» tener buenos modales. Si lo fuera (es mucho más que todo eso) reflexionaría sobre «por qué» hay que tenerlos. En consecuencia, esta obra dedica una gran parte de sus páginas a la conceptualización de las razones por las que es necesario tener una Atención al Cliente profesionalizada. Da los criterios necesarios para relacionarse con los clientes de forma correcta e inequívoca y, al final, vuelve a insistir en la necesidad de reinventar las organizaciones y las empresas, y termina refiriéndose al papel que juegan los empleados en todo ello.

Las últimas tendencias indican que los libros técnicos tendrán un papel muy importante en los próximos años. El cambio constante de nuestro entorno hace que los seres humanos tengamos necesidad inmediata de comprender esos cambios muy rápidamente y parece que el conocimiento es la única forma de adaptarse a ellos. La nueva red de economía globalizada ha convertido la sociedad del conocimiento en la impulsora de un nuevo estatuto de la función de la comunicación[2].

2. Mattelart, A. *La mundialización de la comunicación*. Barcelona: Paidós Comunicación, 1998.

La comunicación de las empresas y las organizaciones debe gestionarse global e integradamente, sin que la propia idiosincrasia de sus especialidades se vea mermada o cree distorsiones en su estrategia. Si de lo que se trata, entonces, es de seguir en la línea de profesionalizar la Comunicación, la Atención al Cliente tiene que ser contemplada como tal y, de ella, apreciar la fuerte incidencia que tiene para las empresas en la gestión simbólica de sus públicos y mercados.

Más aún, la Atención al Cliente transversaliza otras áreas de la comunicación humana cuando se efectúa frente al cliente. Atendiendo a un cliente se establece una relación parecida a la de un actor con su público. El cliente aprecia en su atención la coherencia de la actuación, el rigor y la capacidad e interés de quien lo hace. Es, entonces, una *obra de teatro* creada y actuada de forma particular y a medida de cada cliente. Inmediatamente, el cliente deduce el *guión* y se establece una relación psicológica. Con todo ello, lo recrea en su interior en una especie de *película* con sistemas de conexión y montaje particular, convirtiéndolo a él en el gran protagonista: es *cine*. Después, el cliente convertirá la película de los hechos en un *documental*; lo reducirá a una *noticia* y finalmente creará un *titular*. Es *periodismo* en forma de pensamiento. En la recta final, una emoción y un comentario: comunicación en toda su extensión.

Puede que la mirada que hace este libro de la Atención al Cliente en relación con otros planteamientos de la vida cotidiana de los clientes sea reduccionista. Defender la participación de las relaciones humanas en todo ello, puede ser considerado como una trivialización de los vínculos entre las personas. Sin embargo, creo que el planteamiento de este libro, siendo inevitablemente economicista, puede contribuir a la mejora de las relaciones entre clientes y proveedores. En definitiva, entre personas.

Puede que su enfoque pueda ser considerado pretensioso y a la vez trivial cuando se hace mención a autores o materias de otras disciplinas; sin embargo, la interactividad que está creando la mundialización en todos los campos obliga a las empresas a efectuar un viaje irremediable en la comprensión del mundo, así como a la sociedad en la comprensión de la economía. Creo firmemente que hoy ya podemos hablar, sin estremecernos, de una sociología del cliente.

He utilizado el concepto «usuario» en la portada y en algún comentario interior para atraer la lectura de organizaciones que todavía lo usan. Sin embargo, debo reconocer que lo hago sin ningún entusiasmo ya que dicho concepto está ya superado.

Cuando las empresas u organizaciones se refieren al usuario pretenden reforzar la idea de inmovilidad, donde el cliente no puede transformar sus instalaciones ni su gestión, ni mejorarla ni adaptarla a sus deseos. Simplemente las usa. El cambio va en contra de sus reglamentos que sólo protegen a sus dirigentes que usan la organización como sitio de paso en búsqueda del oro prometido hacia «el Potosí o El Dorado».

Parapetados detrás de la rancia frase «esto no es la empresa privada» pretenden parar el reloj de los cambios y olvidar que llevar adelante a una organización consiste en vivirla. Es decir, asumir la vida de la empresa pretendiendo que sus acciones se traduzcan en algo, moviéndose en un tiempo histórico hacia un objetivo concreto con la participación de sus empleados y sus clientes.

La empresa necesita de las relaciones humanas para profesionalizar el contacto con los clientes con objeto de tener, finalmente, Clientes Contentos de Verdad. Seguro que hay muchas personas que así lo entienden, pero necesitamos más empleados que lo practiquen. Más profesionales de la restauración, más médicos, más enfermeras, más dependientes y dependientas, más telefonistas, más mecánicos, más barberos, más periodistas, más empleados y más directivos que entiendan que trabajar es un medio y no una finalidad y que el objeto de su ocupación es, en realidad, hacer felices a sus clientes.

Por mi parte, lector, me sentiré recompensado si usted, con este libro, se siente Contento de Verdad.

Joan Elías
29 de febrero de 2000

1

La Atención al Cliente hoy

El mundo rueda sin cesar. Lo hace sin pedir permiso a los seres humanos y la historia de la vida consiste en caminar sobre ella mientras se hace el esfuerzo de entenderla. Siempre ha habido cambios, evoluciones que han pasado a la historia y que han condicionado la vida de cada día. Hoy, podemos afirmar sin lugar a dudas que nuestra etapa es propiamente peculiar y que el siglo XXI aparece con tantas ilusones como dudas.

Como consecuencia de que la información y los cambios luchan por la primacía del instante, a los contemporáneos de nuestro tiempo nos cabe el honor de ver nuestra propia historia escrita en tiempo real. Por eso, es muy posible que dentro de cinco o diez años nos consideremos unos bárbaros a nosotros mismos. Es cierto que la Revolución Agraria o la Revolución Industrial también crearon una nueva forma de vivir; sin embargo, ésta es nuestra revolución, una transformación social sin límites que no nos esperábamos y que se ha plantado frente a nosotros sin avisar y en la que está involucrado todo el mundo. Un cambio que tiene como protagonista a cada uno de nosotros sin excepción y que nos ha cogido desprevenidos.

Nuestra revolución es la de la vida cotidiana. Nuestros días se caracterizan por vivir en una agitación constante en donde los seres humanos trabajamos vigorosamente toda la semana para divertirnos intensamente el fin de semana. La compra y el ocio mezclan sus rituales y se aposenta una sociedad en la que es imposible no comprar. Las modas las impone cada cual y no hay ninguna razón para que nada perdure toda la vida. Todo ha de ser nuevo y la contradicción es signo de libertad. La inseguridad es señal de posmodernidad y los valores individuales rigen la vida en donde todo se debe comprar. Es la sociedad-mercado, una antigua contradicción, que ha encontrado unos nuevos paradigmas que la hacen peculiarmente responsable de la aparición del ciudadano-cliente y del trabajador-hombre de negocios. Unos nuevos roles en una nueva situación que llevan, irremediablemente, a que la sociedad conozca a la empresa y a la empresa a reconocer la sociedad.

Mercados y clientes

Las empresas están por todas partes. El mundo es una empresa y, sin embargo, muchas de ellas no se dan cuenta que amanecen imperfectas cada nuevo día. Las empresas requieren un elemento imprescindible para poder funcionar: los clientes. Las empresas necesitan a los clientes, lo quieran o no. Antes precisaban de máquinas, dinero y personal. Hoy, todo puede ser realquilado (*outsourcing*, le llaman), menos los clientes.

Dejamos una época que todo debía ser complicado: a la gestión de las empresas la hemos llamado *management*; al presupuesto, *budget*; a las acciones para dirigirnos a los clientes, *marketing*. Sin embargo, todo es mucho más sencillo. Las empresas deben comprender que el mundo está lleno de personas que buscan su propia felicidad, gente que trabaja con el objeto de ser felices, a los que llamamos empleados, y personas que buscan soluciones a sus problemas y que conocemos por clientes.

Las empresas que quieran tener Clientes Contentos de Verdad tienen que hacerse cargo de todo aquello que afecta a las personas. Deben tener en cuenta que los mercados están inmersos en una sociedad que cambia y tienen que comprender que lo que afecta a las personas también les concierne a ellas.

Competir en la igualdad

Tener clientes es muy difícil, pero tenerlos contentos de verdad requiere un sobreesfuerzo en una sociedad-mercado donde todo es igual y todo debe ser diferente. Las empresas buscan fórmulas mágicas para encontrar la fidelidad de sus clientes y éstos quieren nuevas sorpresas cada día.

En un mercado donde la mayoría de las marcas del mismo sector se fabrican en el mismo lugar (los televisores, los coches, el pan congelado) y las estrategias político-administrativas regulan para que todo sea homologado; cuando el discurso de fondo está ya superado y nada puede ser considerado *malo* o de poca *calidad*, ¿cuál es la fórmula mágica para competir y tener Clientes Contentos de Verdad?

Una nueva estrategia viene a ocupar el pensamiento de las empresas: la reinvención por el gusto social, la recreación de la vida cotidiana en espectáculo y, sobre todo, unas nuevas relaciones humanas como valor en las transacciones comerciales.

El valor de las relaciones humanas

La Atención al Cliente crea una nueva dimensión de las relaciones humanas. Hasta ahora, se entendía como relaciones humanas todo aquello que tenia que ver con las personas fuera del ámbito comercial. Especialmente vinculadas al ámbito laboral interno,[1] hoy, con la sociedad-mercado transversalizándolo todo, las relaciones humanas se convierten en un valor para las empresas. Cuando se aconseja a las empresas que, «si no puedes diferenciarte con tus productos/servicios diferénciate por tus personas»[2], se está reclamando un nuevo papel para las relaciones humanas.

Cuando nadie duda de la calidad de los productos y servicios (hasta que tenga una razón para hacerlo), las relaciones humanas se convierten en magníficos valores añadidos para los clientes.

Por esa razón, las personas que sean especialistas en Atención al Cliente serán muy apreciadas por las empresas, y a su vez, todos y

1. Halloran, J. *Relaciones humanas*. Barcelona: Hispano Europea, 1982.
2. Elías, J. *Organización Atenta*. Barcelona: Gestión 2000, 1994.

cada uno de los empleados de la empresa tendrán que aprender a crear el valor añadido de la Atención al Cliente. En el fondo, será lo único que tendrán que hacer.

Como consecuencia, en este contexto las relaciones humanas sufrirán una mutación: cambiarán de lugar y su forma tradicional se verá alterada. Es decir, pasarán del hogar (en el sentido más coloquial) hacia la empresa, y de ser vocacionales, intuitivas y espontáneas a ser profesionales, definidas y permanentes.

En este sentido, la sociedad-mercado trata de entablar relaciones humanas como valor empresarial, desarrollando criterios claros e inequívocos en favor de los clientes, en cada momento, para todo el mundo, de la misma manera y sin discriminación, pero de forma claramente diferente para cada uno de ellos y con personalización.

Figura 1. Cambios en las relaciones con el cliente

De la estandarización a la personalización

De relaciones vocacionales a profesionales

De relaciones esporádicas a permanentes

De la calma a la excitación

De lo necesario a lo útil

▶Los clientes exigen cambios en el trato con las empresas. La Atención al Cliente abre una nueva dimensión para las relaciones humanas y una nueva forma de trabajo para todos.

En una nueva época en que hay verdadera obsesión por el servicio, los clientes se han convertido en consumidores voraces de esta nueva dimensión de relaciones humanas.[3] Consecuentemente, están pendientes de los mínimos detalles para decidir si merece la pena mantener una sola relación con las empresas o deben alargar su contacto hasta convertirse en Clientes Contentos de Verdad.

La Atención al Cliente se convierte en el paradigma de la empresa posmoderna y la clave de la competitividad en la sociedad-mercado en donde todos son clientes y proveedores a la vez. El gran problema estriba en saber cuál es el camino que se ha de tomar para que esta cuestión sea realmente un valor añadido con equilibrio para todos, y no una carcasa de doble moral que nada tiene que ver con la esencia última de la Atención al Cliente.

El objeto de la Atención al Cliente

La Atención al Cliente puede caer en la tentación de aposentarse en la idea que, en realidad, se trata de servir, irremediablemente, al cliente desde la perspectiva que «éste siempre tiene la razón». Esta premisa, muy divulgada a finales del siglo pasado, crea un estado anímico en la organización que lo plantea, que la conduce a una arraigada estructura de pensamiento de *ganar/perder* y a una búsqueda irascible de un *cómo mágico* en su forma. Es decir, mantiene una postura abiertamente de doble moral: no interioriza el objeto final de la Atención al Cliente y lo exterioriza en unas formas, pen-

---

3. La empresa de automóviles Nissan maneja datos científicos en este inicio de siglo que indican que sus clientes compran los coches más allá de las buenas prestaciones de sus vehículos. En sus decisiones es clave el trato que reciben en las visitas a los concesionarios.

dientes de la causalidad de cada momento, y de la pericia de cada una de las personas que hacen el contacto con el cliente.

La verdadera razón de la Atención al Cliente no es servir al cliente desde un *cómo* concreto e inmutable. El contacto con los clientes y la nueva dimensión de las relaciones humanas en la sociedad-mercado no pueden encerrarse en un manual incapaz de contemplar los matices de cada una de las relaciones con cada uno de los clientes. El objeto central de la Atención al Cliente no es servir al cliente sino *crear* un cliente.[4] Es decir, para comprender la verdadera dimensión de la Atención al Cliente hay que evitar la pregunta: ¿cómo debe hacerse la Atención al Cliente?, para interrogarse: ¿por qué es importante la Atención al Cliente? Muchas personas que trabajan con clientes se preguntan si no habrá una fórmula para *educar* al cliente pensando interiormente en conseguir «que haga lo que yo quiero que haga y no me moleste con sus manías». Los clientes se educan desde el primer día de contacto con ellos y se *crean* con las acciones y las actitudes de empleados y empresas.

Ahora, la pregunta es: ¿están preparadas las empresas para ello?, ¿hay personal preparado para hacerlo?, ¿hay directivos-educadores que sepan por qué y cómo se hace?

La razón en la Atención al Cliente

La premisa de que «el cliente siempre tiene la razón» evita preguntarse la razón última de la Atención al Cliente y a su vez crea un campo de relaciones ficticias en donde el concepto de *tener la razón*

4. Postman, N. *Fin de la educación*. Vic: Eumo. Universidad de Vic, 2000.

queda enmascarado, pero no solucionado. El cliente siempre tiene la razón, pero, ¿y cuando no la tiene?

La duda sobre quién tiene la razón en una relación entre la empresa y/o su empleado y el cliente, abre un debate sin fin a un problema mal planteado.

La razón convive en nuestros esquemas mentales como una relación binaria (de 0 y 1): de *tenerla* o no *tenerla.* O sea, de categorías única, inequívoca e innegociable. La razón en Atención al Cliente es un *tercer elemento* que se negocia y se *crea* en cada relación con el cliente. En el ámbito comercial, la razón se negocia, pero no existe como tal en un *lugar* de la empresa o el cliente que hay que encontrar para claudicar o enorgullecerse cuando se ha descubierto. La razón en Atención al Cliente consiste en solucionar el *conflicto,* buscando el beneficio para las dos partes: es el *ganar/ganar*;[5] mientras que cualquier otra *posición* mental va contra el objeto último de la Atención al Cliente. Todas las demás posturas frente a la razón conllevan la necesidad de utilizar el poder y no la negociación. Por ello, muchas empresas prefieren creer firmemente que «el cliente siempre tiene la razón» o que «el cliente es dios», premisas las dos, que son sólo una excusa para no enfrentarse con una realidad desagradable: no saben comprender ni realizar una Atención al Cliente verdadera y eficaz.

5. Concepto tradicional muy utilizado en psicología y negociación. Harris, Thomas A.: *Yo estoy bien, tú estás bien...* Barcelona: Grijalbo, 1976.

Figura 2. Dimensiones de la razón ante el cliente

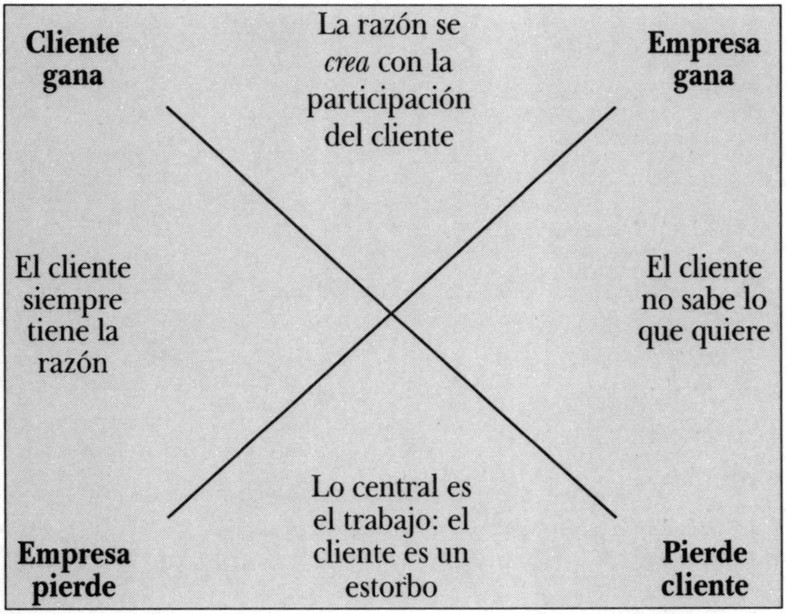

▶Delante de la problemática de un cliente, hay empresas que escogen las tres posiciones existenciales en donde su único fin es solucionar los problemas sin pensar en sus causas. Todo comportamiento corporativo que no esté basado en la dimensión *ganar/ganar* es una huida (más o menos argumentada) de la verdadera esencia de la Atención al Cliente.

2

Entender la sociedad-mercado

Para comprender la verdadera dimensión de la Atención al Cliente en la actualidad, es necesario entender el contexto económico y social en el que se mueven los clientes. Su participación inevitable en los cambios que sufre el mercado es imputable directamente a los cambios que está experimentando la sociedad en su conjunto y, como consecuencia, la relación con los clientes ha de verse desde una perspectiva mucho más amplia que la de una interacción en el trabajo, para el trabajo y con trabajo. La sociedad-mercado se ha creado desde unas premisas propias que la hacen singular y, a su vez, ha generado una nueva relación con el cliente. Hoy existen unos nuevos paradigmas económico-sociales que las empresas han de reconocer, si quieren tener Clientes Contentos de Verdad.

Del progreso al mercado

El metaparadigma de esta sociedad es indudablemente la sustitución de la idea de Progreso por la de Mercado. Hasta ahora dos paradigmas, dos columnas sociales, aguantaban la vida cotidiana: el Progreso y la Máquina.[1] Progreso y Máquina se sustentaban a sí mismos, eran dos paradigmas que se retroalimentaban bajo la premisa que «contra más progreso tengamos más máquinas perfectas tendremos y contra más máquinas perfectas consigamos más progreso hallaremos».

Pero este planteamiento encontró su principio de un lento final. La noche del 14 y el 15 del mes de abril de 1912, un barco de majestuosas dimensiones surcaba pacíficamente el mar con una idea como bandera: «si hemos conseguido construir esta máquina, pronto conseguiremos el mayor de los progresos y la máquina más perfecta de todas». Pero el *Titanic* se hunde por el contacto con un iceberg y, junto a él, las esperanzas de encontrar el progreso perfecto en una máquina perfecta.

Hoy el progreso ha tocado fondo y ha sido sustituido por un nuevo paradigma: el Mercado. «¿Trabajas o no trabajas?, ¿llegas a los objetivos o no llegas?, ¿vendes o no vendes?» Todo está tamizado por el mercado: hay el mercado laboral, el mercado del fútbol, el mercado político. El gran dilema es: ¿hay mercado o no hay mercado?, ¿quién paga? es la pregunta clave.

Antes se preguntaba: ¿tienes clientes?; hoy: ¿tienes Clientes Contentos de Verdad?; es la sociedad-mercado.

---

1. Ramonet, I. *La tiranía de la comunicación*. Barcelona: Debate, 1998.

Del mercado lineal al circular

Otro de los paradigmas de la sociedad-mercado tiene que ver con la visión que tienen de sí mismos los clientes. Según José Antonio Marina, «somos lo que somos y creemos ser»[2] y el cliente se mueve por el mercado comprando todo aquello que, inequívocamente para él, refuerza la visión de sí mismo.

El mercado lineal tiene que ver con la visión de la vida lineal que nos dieron el primer día de vida. ¡¡Si pudiésemos recordar aquel primer día en la cuna!! Un lugar preparado especialmente para nosotros, con los colores y los bordados a medida y mucha gente, contenta y excitada apareciendo y desapareciendo sin descanso de nuestro campo visual. Con una cara inmensa (de tamaño, claro) haciendo un sinfín de ruidos con la boca y dando la inevitable versión de «se parece a...».

Ese primer día en que llegamos a un nuevo mundo sin nuestro consentimiento y nos encontramos con gente que se vuelca a explicarnos cómo funcionará ese nuevo lugar. Recordemos que dijeron:

«Bienvenido...-Te-vamos-a-cuidar-para-que-nada-te-pase,-así-nada-nos-pasará-a-nosotros.-Te-querremos-mucho,-y-así,-tú-también-nos-querrás-mucho.-Serás-un-buen-chico,-una-buena-chica,-y,-así,-nosotros-estaremos-tranquilos.-Te-llevaremos-al-colegio.-Luego-a-la-Universidad.-Conocerás-a-un-buen-chico,-una-buena-chica.-Encontrarás-trabajo-para-siempre-en-una-buena-empresa-y-poco-a-poco-irás-subiendo.-Te-casarás-para-siempre.-Tendrás-un-piso-y-una-hipoteca(para-siempre).-Un-piso-cerca-de-nosotros,-claro,-así-te-seguiremos-cuidando-y-tú-a-nosotros.-Tú-también-ten-

---

2. Marina, J. A. «La civilización flexible y el Yo de plastelina». *Claves del siglo XXI*. Barcelona: La Vanguardia, 2000, pág. 96-98.

drás-niños-y-así,-poco-a-poco-y-todos-juntos,-iremos-languideciendo-al-lado-de-la-chimenea...»

Esta forma de visualizar la vida linealmente ha terminado.[3] La vida lineal se ha finiquitado y con ella el mercado lineal. Ya no existe un trabajo, una vivienda, ni tan solo una familia para toda la vida. Consecuentemente, no existe un producto para toda la vida, ni un momento concreto para comprar algo concreto. La vida ha cambiado de estructura y no es un cambio generacional en el que padres e hijos confrontan sus experiencias, en un proceso de protesta de los más jóvenes, donde unos y otros hacen cosas y compran cosas propias de *su* tiempo. La vida es ahora circular en donde nada es ya para siempre. Y también lo es el mercado. Ser joven o viejo no será un estado en el que tenga que ver la edad. Comprar no tendrá edad en el sentido lineal y el mercado circular todo *lo vuelve*. Es la consecuencia de la Revolución de la Vida Cotidiana en donde los roles sociales y, en consecuencia, las costumbres de compra se mutan constantemente. Es lo que Marina llama el «yo de plastelina».[4]

Los expertos anuncian la llegada masiva del «hombre-maruja» y advierten de su peculiar comportamiento. La mujer compra «cosas de hombre» y los jóvenes «no tienen por qué esperar» para adquirir un objeto que, en teoría, les correspondía comprar más adelante en un mercado lineal. El mercado de los «más de 50» (años) emerge con una fuerza desconocida y todo puede comprarse, en cualquier momento y en cualquier ocasión. El cliente circular ya está aquí.

---

3. La idea de que «todo vuelve» es un planteamiento hecho ya en diversas culturas y especialmente en la antigua sociedad griega. En aquel entonces era una visión metafísica, ahora es economicista. Escohotado Espinosa, A. *Filosofía y metodología de las ciencias sociales*. Madrid: UNED, 1996.

4. Marina, J. A. «La civilización flexible y el Yo de plastelina». *Claves del siglo XXI*. Barcelona: La Vanguardia, 2000, pág. 96-98.

De la máquina a la comunicación

Cuando el mercado sustituye al progreso y a su vez pasa de lineal a circular, otro nuevo paradigma viene a fortalecerlo: la Comunicación. ¿Tienes problemas con la pareja?, comunícate con la pareja. ¿Tienes problemas con los hijos?, comunícate con los hijos. ¿Tienes problemas con el jefe?, comunícate con el jefe. ¿Tienes problemas con...?, comunícate, comunícate, comunícate.

Mirando unos años atrás, ¿quién hubiera pensado en el teléfono móvil? Hoy ya no nos acordamos cuando no lo teníamos, «lo importante es hablar», dicen los eslóganes publicitarios, como si hasta ahora hubiéramos sido colectivamente mudos. El teléfono móvil apareció como consecuencia del paradigma Mercado, «es importante para trabajar» decíamos. Sin embargo y como consecuencia de los cambios en el mundo laboral y en la familia, el móvil se ha convertido en el nuevo elemento que favorece el contacto en una sociedad mundializada. Gracias al móvil podemos comunicarnos en cualquier hora, desde cualquier sitio, con la máxima comodidad, y así sustituir la imposibilidad física de estar juntos. «Hola cariño, estoy a punto de llegar a casa... estoy aparcando el coche... ahora estoy en el ascensor... primer piso... segundo piso... tercer piso... ¡sorpresa... sorpresa!... ¡¡ya estoy en casa!!»

El móvil se ha convertido en la *radio familiar*, desde donde podemos sintonizar nuestro programa favorito: «¿dónde estás y qué estás haciendo?».

Hemos visto aparecer los móviles y de forma inmediata prohibirlos. Es curioso ver en los restaurantes qué sucede cuando suena un móvil: las mujeres se llevan el bolso a la oreja en una coreografía de máxima exactitud como si de un ballet acuático se tratara; mientras, los hombres se palpan todo su cuerpo de forma excitada como si una urticaria colectiva hubiera invadido el lugar. El descanso general llega cuando su propietario contesta el aparato en voz baja: «síiiii».

Nuevas tecnologías, nuevas leyes. Ya no se puede conducir y hablar por el móvil. Nuevas leyes, nuevas tecnologías. Aparecen en el mercado los «sin manos» y, así, ya podemos comunicarnos. Muchos se han resistido a comprarse un móvil. Muchos se resistirán a comprar un «sin manos». Hasta el día que la grúa se le lleve el móvil cuando hable conduciendo y le enganchen una pegatina triangular en la oreja.

¡Ah! Y el e-mail. ¡¿No tienes e-mail?!...

El cliente virtual ya está entre nosotros.

Conocimiento y decisiones

Pero el hundimiento del *Titanic* provocó, además, una verdadera catástrofe estética. Muchos pensaron que después de construir aquella máquina perfecta, se conseguiría la más perfecta de todas: la máquina de la felicidad.[5]

El objetivo era encontrar una máquina que evitara pensar, y así, evitando las decisiones, ser infinitamente felices. Dejamos un milenio en el que pensar ha sido castigado, mientras y paradójicamente,

5. Kundera, M. *La insoportable levedad del ser*. Barcelona: Tusquets editores, 1985.

entramos en la sociedad del conocimiento. Dicen los expertos en comunicación que hoy recibimos, en un día, la información que acumulaban nuestros antepasados del siglo XVII en todo un año. Y eso nos hace, en realidad, más débiles frente a ella.

Tomar decisiones no es doloroso. Lo que realmente hace infeliz es su consecuencia, «y si me equivoco», pensamos inmediatamente. Nadie quiere equivocarse, nadie desea hacerlo y la mejor manera es que alguien tome las decisiones por nosotros.[6]

Para tener Clientes Contentos de Verdad habrá que manejar mucha información, pero la única manera de convertirla en conocimiento consistirá en la capacidad de las empresas en tomar decisiones rápidamente.

La obvia contradicción

Estamos en la era de la contradicción. Sentirse más libre necesita de la contradicción. La certeza es un característica del pasado y la duda, la crisis y el experimento se consolida como una característica posmoderna.[7] Los clientes reivindican sus vacilaciones, defienden sus desequilibrios y hacen de sus tentativas un argumento de relación con la compra.

¿Quién hubiera imaginado la proliferación de sucursales de bancos y cajas, uno al lado del otro y de la misma empresa, o miles y mi-

6. Antoñete, lo reflexionó así: «... en los toros se ve. Lo peor no es la muerte, es el miedo al fracaso». [s.l.].

7. Calabrese, O. *La era neobarroca*. Roma: Catedra, 1994.

les de franquicias de todo tipo a pie de calle? Cuando las personas trabajan todo el día quieren hacer realidad el sueño dorado de su vida: «bien, ahora que trabajen para mí» y el obvio apoltronamiento se apodera de los clientes.

Muy pronto las neveras comprarán solas. El electrodoméstico programado para reconocer la rotura del stock de yogures de mortadela, hará una llamada al supermercado correspondiente y allí lo cargarán en la cuenta del cliente. El servicio de envío a domicilio llevará la compra a la hora concertada: son las 10h 32' de la noche, exactamente 2 minutos después de la llegada del cliente a su hogar.

Por el aparato de TV entran todas las comunicaciones fijas. El teléfono, el ordenador, los miles de canales de TV. Desde él se puede comprar sin moverse de casa y comunicarse por todo el mundo. El videoteléfono móvil es la estrella de estos primeros años del nuevo milenio, compartiendo protagonismo con los ordenadores portátiles, cada vez más diminutos. La tecnología se está colando por cada rincón de la actividad cotidiana y ya no se puede sobrevivir sin ella, todo lo que pueda hacer una máquina lo hará una máquina y no habrá espacio para un trabajo repetitivo.

En una época en que la gente busca la solución más fácil y la más rápida, las empresas deben aceptar el reto de trabajar las 24 horas del día. Antes se decía que medio mundo se reía del otro medio, hoy puede afirmarse que medio mundo servirá al otro medio.

El ser humano ha buscado su seguridad en la estabilidad del mundo que le rodea y, en este momento, nada es tan seguro como el cambio rápido y constante.

Es, en definitiva, la Sociedad de las Turbulencias que nada asegura y donde la inseguridad se aposenta como un nuevo experimento cotidiano. Sólo las empresas que comprendan que a los clientes les afectará todo lo expuesto y que ello va a condicionar su comportamiento, entenderán por qué los clientes exigen de las empresas lo mejor y lo más barato. Sólo las empresas que deseen tener Clientes Contentos de Verdad tienen su futuro asegurado.

3

Consecuencias de la sociedad-mercado en el cliente

La sociedad-mercado tiene consecuencias directas en el comportamiento del cliente. Nuevas situaciones en la estructura social vienen a dar cabida a nuevas *necesidades* y las empresas tienen que ser capaces de reconocer nuevas formas de relacionarse con el cliente como consecuencia de estos cambios.

Nuevas estructuras en la vida cotidiana del cliente condicionan sus peticiones y buscan empresas que den solución a los nuevos problemas. Los cambios en la estructura familiar, la nueva dimensión que tiene el trabajo hoy y el papel preasignado en la sociedad, evoluciona para crear nuevas contradicciones que no son otra cosa que un especial y desconocido siglo XXI.

La familia que compra

Uno de los mayores cambios se ha dado en la familia. La familia es un factor de cohesión básico para la sociedad y, desde hace tiempo, se vienen dando transformaciones que afectan a la manera de vivir e, inevitablemente, a su forma de comprar y relacionarse con las empresas.

La segmentación binaria de «soltero/a-casado/a» ha desaparecido del Documento Nacional de Identidad desde hace mucho tiempo. Hace años, una pareja de gallegos decidió *inventar* un especial contrato y casarse por dos años. La renovación vendría en el caso de que a los dos les interesase y, si no fuera así, podrían declararse *transferibles* y quedar en libertad. La televisión nos ha enseñado que pueden casarse dos hombres o dos mujeres, o incluso, dos perros y dos *tamagochis*. Existen las *parejas de hecho* y la gente que vive sola reclama un espacio en las estadísticas de la familia. La gran evolución de las ciudades pasa por la remodelación de sus viviendas. Por un lado, no queda un palmo de terreno en el que edificar, y por otro, las nuevas formas de vivir sugieren la necesidad de reconvertir aquellas grandes viviendas en pequeños apartamentos a donde ir *sólo* a dormir con la máxima comodidad.

Mucha gente vive sola y la sociedad de la familia pasa a ser la de los individuos.[1] Las últimas estadísticas que maneja la Fundación Purina aseguran que en los hogares de España se acoge a 4.200.000 perros, 5.700.000 pájaros, 2.900.000 gatos, 10.000.000 de peces de acuario y alrededor de un millón de animales de compañía muy diversos[2]. Si la

1. Quadrado, S. «Familia. Todas las formas posibles». *Claves del siglo XXI*. Barcelona: La Vanguardia, 2000, pág. 103.
2. Ortí, A. «Animales de andar por casa». *Magacin de La Vanguardia*. (Barcelona), 11 de julio de 1999, pág 40-51.

gente está sola, es lógico tener, al menos, a «alguien con quien compartir la soledad»: un perro, un gato... una sepia; da igual, «mientras me haga compañía».

Los cambios en el seno de la familia son consecuencia también de la evolución del mundo laboral. La mujer se incorpora rápidamente al trabajo fuera de casa y, siendo ésta la gran referencia social de nuestros tiempos, aparece la *pareja-fin-de-semana*: dos personas que reconocen su *status* de pareja porque duermen en la misma cama, pero que no pueden saludarse hasta que sus horarios coinciden. Duermen juntos, sueñan juntos, pero no pueden compartir nada hasta el final de la larga semana de trabajo. Y entonces, compran.

La nobleza de trabajar

Una larga jornada de trabajo protagoniza un mundo laboral tremendamente diferente. Hace unos años, y después de trabajar toda la vida en la misma empresa, mi padre se ha jubilado. Entró de aprendiz en una empresa textil «llevando el cántaro de agua para los jefes». Y orgulloso de haber sido capaz de estar toda su vida dedicado a *su* empresa, ahora, ha vuelto a casa, jubilado en condición de director de fábrica. Cuando hablamos de ello, somos conscientes que mi padre debería estar en un museo donde las nuevas generaciones pudieran verlo y leer la inscripción «Persona que trabajó toda su vida en la misma empresa». Una condición que no se va a repetir nunca más.

El mundo del trabajo ha cambiado radicalmente. Hace tiempo ya que las personas trabajan a lo largo de su vida en muchas empresas y, además, tienen que hacer grandes desplazamientos para hacerlo.

Las Empresas de Trabajo Temporal comparten el lineal de las calles y entre bar y bar dejan ver sus efímeras ofertas de trabajo.

En el siglo XVI pertenecer a la nobleza implicaba tener, entre otros, el privilegio de no trabajar.[3] Era un signo de distinción y reconocimiento que gestionaba una sociedad de castas. Hoy, en los primeros días de un nuevo siglo, trabajar se ha constituido en la gran referencia social. Es la *nobleza* de nuestro tiempo, en donde el castigo es el paro y la inactividad. Todo el mundo trabaja o quiere trabajar; por lo tanto, todo el mundo se ha convertido en cliente y proveedor a la vez.

Papás-niños y niños-papás

El trabajo también afecta a los niños. Los padres inmersos en la práctica de la *nobleza* actual, trabajan y trabajan hasta últimas horas de la noche.

Los hijos, sobreescolarizados hasta coincidir con la llegada de los padres al hogar, consumen sus horas tardías en clases de piano, kárate, defensa personal y contradefensa en grupo.

Sin embargo, no todo está controlado. Según una encuesta realizada a 900 niños de toda España, indica que el 31,5 % entre 10 y 14 años tienen un televisor en su habitación y que el 49,5 % de los encuestados no hablan con sus padres de asuntos relacionados con la televisión. Además, el 42 % ve más de tres horas de televisión al día,

3. Sabine, G. revisada por Thomas Landon Thorson, *Historia de la teoría política*. México: Fondo de Cultura Económica, 1994.

por un 37 % que pasa dos horas y un 21 % que ve una hora diaria.[4] En el primer cuatrimestre de 1999, el programa más visto por los niños entre 8 y 12 años era *Impacto TV*. Un programa que tiene todos los elementos para complacer a un niño; bien mirado, *Impacto TV* tiene *gusto* (desde el punto de vista del análisis de la imagen) de dibujos animados. Para un niño es maravilloso ver que aquello que es ficción en su serie preferida, ahora se da en la *realidad*. Sólo es cuestión de ponerle a los reportajes la música y los efectos sonoros de los dibujos animados: «cotocroc», «patachum», «choff».

En la medida que los abuelitos prejubilados prematuramente de sus empresas, con una salud de hierro, una renovada juventud y un billete de avión a Playa Bávaro, la televisión se convierte en la nueva guardería en la actual estructura familiar. Consecuentemente, las empresas tienen estudios de marketing que indican que los niños prescriben la compra de los automóviles a sus padres y las niñas gestionan la cesta de la compra de sus madres.

Según la tesis de Postman, la adolescencia ha muerto para dejar paso a un nuevo mundo simbólico infantil.[5] La invención de la imprenta llevó consigo la aparición de la infancia. Antes de la creación de Gütemberg, los niños eran tratados como adultos pequeños y la aparición de la palabra impresa hizo que se crearan las escuelas como el inevitable sistema de aprendizaje frente a la aparición de la necesidad de entender un nuevo código a través de la lectura.

Sin embargo, con la aparición de la televisión todo el mundo recibe la misma información sin tener en cuenta la edad. La televisión

---

4. Europa Press, Madrid. «Suplemento Vivir» de *La Vanguardia* (Barcelona), 21 de enero de 2000.

5. Postman, N. *La muerte de la adolescencia*. Barcelona: Planeta, 1999.

refleja un mundo pictográfico y no lingüístico, lo cual supone que mirar la televisión exige un reconocimiento instantáneo de imágenes y no una descodificación analítica retardada. Exige percepción, no concepción.[6]

En la medida que la televisión no se puede esconder en un cajón o no se puede colocar, como las galletas, fuera del alcance de los niños, se desgasta la línea divisoria entre la infancia y la madurez. Naturalmente, sin secretos no puede existir una cosa como la infancia.

De esta forma, parece creíble que un padre se encuentre frente a una hija de 8 años que, a raíz de una simple disparidad de criterios, decida irse de casa o que ante la amenaza de un bofetón, un niño de 4 años reclame la presencia de la policía. Son los nuevos niños-papás.

Por otro lado, nuevos factores conmueven a los adultos. Si es cierta la tesis que la televisión elimina la distancia entre la infancia y la madurez, el proceso también es de doble dirección. Es decir, consecuentemente, la idea de madurez enfrentada a la de la infancia pierde su sentido. En otras palabras, si la madurez tiene su fuerza en la posesión de los «secretos de los mayores» y éstos quedan al alcance de los niños, la madurez queda sensiblemente mermada.

En la era de la tecnología, donde todo es instantáneo y la evolución de sus planteamientos es infinitamente superior a la capacidad de adaptación de los seres humanos, dos nuevos gastos fijos aparecen en los hogares y en las empresas: tecnología y formación.

Las nuevas tecnologías encuentran su entrada por el mundo de los niños. Son ellos, los niños, quienes ven la televisión y manejan

---

6. Postman, N. *La muerte de la adolescencia*. Barcelona: Planeta, 1999.

ordenadores, son expertos en vídeo-juegos y se adaptan con toda facilidad a los nuevos inventos. Tienen ordenadores en la escuela, vídeo-juegos en la casa y televisor interactivo en su habitación. De esta forma, la distancia es tal entre la infancia y la madurez que ha provocado el cambio simbólico contrario y como consecuencia, la infancia se instala en los adultos.

Ahora son los niños quienes más saben de la nueva vida cotidiana y son los adultos quienes tendrán que volver a la escuela. Así, ir a la escuela no será ya un proceso de aprendizaje en un momento único en las vidas de los adultos.

No solo tendrán que formarse en las especialidades técnicas, sino que será necesario revisar los roles que hemos conservado durante mucho tiempo y deberán aprender un nuevo papel. En la medida que los mayores ya no podrán servir de consejeros a los más jóvenes, es obvio afirmar que ha muerto la madurez. Son los papás-niños.

Los niños han pasado de ser los futuros clientes a constituirse en los inmediatos clientes. Las empresas deberán tenerlo en cuenta y respetarlo.

De la Necesidad a la Utilidad

Siempre hemos oído que las empresas satisfacen las necesidades de sus clientes. Puede que esta premisa, en esencia, no haya cambiado; sin embargo, puede que esté falta de matices. ¿Es realmente una necesidad, lo que satisfacen hoy los clientes?

Es evidente que en una sociedad desarrollada como la nuestra, la satisfacción de necesidades tiene poco que ver con la concepción clásica del término. ¿Satisfacemos la necesidad de comer cuando vamos a comprar pan? (se entiende comerlo, claro). ¿Satisfacemos la necesidad de transporte cuando nos compramos un coche?

Es muy posible que la discusión técnica nos llevase a estar de acuerdo en que son necesidades en el extremo de la ya clásica Pirámide de Maslow. Sin embargo, la intención de estas líneas es otra.

Analicemos el acto de ir de compras hoy. Cuando vamos a comprar pan, por ejemplo, ¿es nuestra preocupación central el propio pan? No, porque estamos seguros que será de calidad, con lo cual nuestras exigencias se derivan hacia otros planteamientos: la hora de apertura, si se ha de hacer mucha cola y si son amables y rápidos es lo importante más allá del propio producto.

Nadie duda ya de la calidad de los productos y las exigencias de los clientes se centran en la Atención al Cliente. Por eso hay una panadería en cada esquina y pan tierno cada hora. Están abiertas todo el día y hasta muy tarde por la noche. ¿Es eso satisfacer la necesidad de comer?

Los restaurantes han pasado por una reconversión interesante. Antes existían las comidas de negocios y estaba muy poco arraigado el concepto de menú. En los últimos años, han cambiado las costumbres y las gente tiene pocas horas para comer. El menú se ha consolidado como el gran referente y las comidas de negocios han sido sustituidas por las comidas de ocio y familia; ¿podemos considerar todo ello como satisfacer necesidades?

En este momento, puede afirmarse que la referencia comercial para los clientes es la Utilidad.[8] Es decir, sus decisiones están basadas en la capacidad que tiene la empresa para solucionar sus problemas en cada momento. En términos estratégicos, el concepto de *problema* coge una nueva dimensión cuando se trata de tener Clientes Contentos de Verdad. Aunque esos problemas sean poco reconocibles extrínsecamente, lo son para el cliente, y para él son «un gran problema».

Las personas se preguntan, a cada instante, «y esto para qué me sirve», en qué «me va a servir esta empresa a mí» y si no encuentran una respuesta exacta y personal, no van a tomar en consideración sus propuestas. El cliente quiere que todo lo que suceda a su alrededor sea útil para él y este milenio se consolidará como el de la Utilidad.

Hemos de tener en cuenta que la Utilidad es un acto de fe que el cliente hace por la reacción de varios estímulos. La Utilidad es de inicio y de repetición. La primera vez es de inicio, pero en cada repetición recurre a los parámetros de referencia experimentados en la anterior vez. Por eso, la relación con el cliente en la prestación del servicio es Utilidad y Satisfacción al mismo tiempo. Los estímulos iniciales forman parte de una mezcla de informaciones, directas e indirectas, que tienen lugar en el cerebro del cliente y que son conocidas como expectativas. El proceso básico en la creación de valor está en la capacidad de la empresa para ser útil y favorecer así la consecución de Clientes Contentos de Verdad.

---

8. El principio de utilidad fue argumentado por los epicúreos en el año 306. Entonces la moral era idéntica a la utilidad (hoy la utilidad es económica). Sabine, G. revisada por Thomas Landon Thorson, *Historia de la teoría política*. México: Fondo de Cultura Económica,1994.

La imagen más significativa sobre ello, la dio un niño de 12 años cuando, en su primer día de clase, le preguntó a su maestra: «señorita, y esto de la Filosofía, ¿para qué me sirve?». Utilidad, Utilidad, Utilidad. Eso buscan los clientes. ¿Saben las empresas en que son útiles para sus clientes?

Figura 3. Las tres claves de la sociedad-mercado

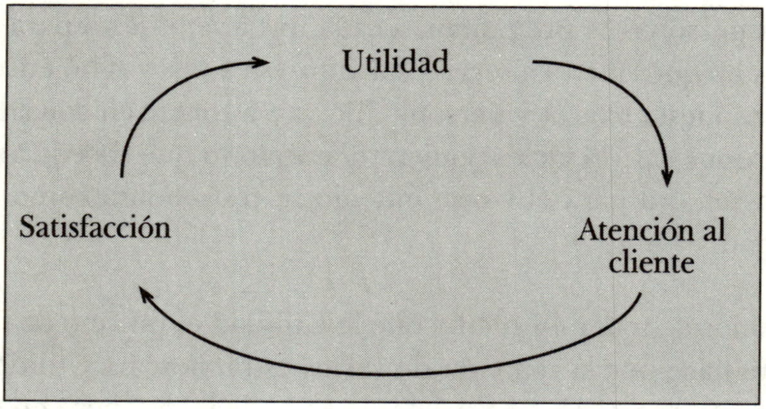

▶Las tres claves para tener Clientes Contentos de Verdad es la relación que se establece entre el concepto de Utilidad (decisión-acto de fe) por parte del cliente, la Atención al Cliente (intermediación por parte de la empresa) y su resultado (Satisfacción del cliente).

La búsqueda permanente de la Satisfacción

Como consecuencia de todos los cambios, el cliente actúa bajo la premisa inevitable de encontrar la máxima satisfacción en lo que compra. La relación directa entre Utilidad y Satisfacción queda establecida por el vector de la Intermediación. Es decir, la Atención al Cliente es la única que es capaz de unirlas en armonía y crear una sinergia entre el acto de fe inicial del cliente (la utilidad) con el mecanismo finalista de su estado emocional (la satisfacción). Las emociones juegan un papel importantísimo en el concepto de Utilidad. Las emociones manufacturadas y elaboradas en un resultado final positivo, las podemos definir como la Satisfacción. Es la otra cara de la Utilidad.

En el ámbito empresarial, la Satisfacción es el concepto aceptado para definir el estado psicológico positivo de un cliente en relación con una empresa. Insatisfacción viene a ser (visto como diferencial semántico) lo que definiría el estado contrapuesto, el psicológico negativo.

La Satisfacción es el final de un proceso y como tal, tiene que ver con la experiencia del cliente en relación con sus expectativas. Al ser un estado emocional, la Satisfacción debe ser medida para poder establecer una relación directa con los resultados de la empresa y de esta forma saber qué tipo de Utilidad se está dando a los clientes.

El concepto de Satisfacción ha calado hondo en las empresas y la mayoría de ellas saben lo importante que es para su rentabilidad tener a los Clientes Contentos de Verdad. Sin embargo, muchas de ellas recurren a la incertidumbre de las impresiones para definir su Utilidad. Muchos empresarios se mueven por el peligroso mundo de las intuiciones o por el perverso indicativo de «aquí no tenemos ni una queja».

Pero gestionar una empresa con la mirada puesta en la Satisfacción también tiene que ser rentable. Una de las grandes preocupaciones de las empresas es vender; sin ventas no hay ninguna relación con el cliente y, sin ellas, ninguna actividad comercial.

Pero hay que ir con cuidado en limitarse a este modelo binario. Es decir, no se puede definir la actividad de la empresa sólo con relación a las ventas que efectúa. A estas alturas, cualquier persona sabe la relación esencial que hay entre el éxito de la empresa con los costes o la participación del margen económico. Sin embargo, muchos empresarios muestran su más directa contraposición al concepto de la Satisfacción; «aquí lo que hay que hacer es vender», dicen.

Efectivamente. Pero las ventas no están reñidas con la Satisfacción y, sin embargo, pueden estarlo. Es decir, hasta ahora todo el mundo ha definido las ventas como la causa-efecto en los beneficios de las empresas (cuestión que, con algunas reservas, nadie pone en duda).

Sin embargo, el planteamiento es otro. Hasta ahora nadie había reparado (no era necesario) en que, cuando se efectúa una venta (un servicio o un producto), se moviliza, inevitablemente, un sentimiento, una emoción. Es como si hubiera habido un muro invisible que privara de ver los sucesos relativos a una venta, como consecuencia de un solo interés: la movilización del beneficio.

Sin embargo, cuando vendemos inevitablemente movilizamos una emoción. Es la Satisfacción en este contexto. Desde ese punto de vista, se dan como consecuencia una serie de elementos que acabarán incidiendo positivamente (o negativamente, si en lugar de Satisfacción se moviliza Insatisfacción) en el cliente. Es el Arquetipo de la Satisfacción.[3] Las emociones no son nada si no se pueden contar y, así, el cliente reaccionará frente a cada una de las dos situaciones: cuando esté satisfecho lo contará para recrear su protagonismo y cuando quede insatisfecho lo divulgará para *vengarse*. Así pues en un mundo conectado, los expertos en comunicación han descubierto una fuerza más potente que la clásica Publicidad: la prescripción espontánea.

Figura 4. El Arquetipo de la Satisfacción

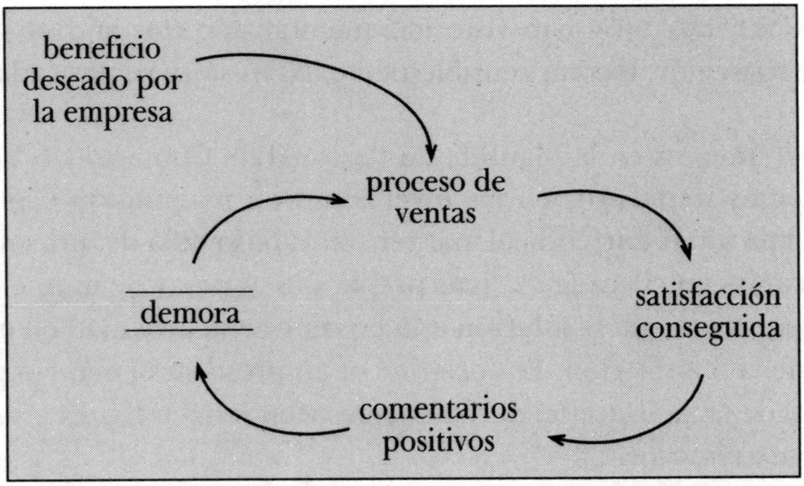

▶*Apalancar* en Satisfacción significa controlar el resultado de las ventas y/o intermediación en las emociones finales del cliente. El objeto es controlar la prescripción espontánea, en forma de comentarios positivos, que el cliente ejercerá en el mercado y que tendrá como resultado la maravillosa función de convertirlos a ellos (a los clientes) en nuestros mejores comerciales.

3. El Arquetipo de la Satisfacción es una recreación del autor basada en los arquetipos divulgados por Senge, P. *La quinta disciplina*. Barcelona: Granica, 1993.

Si todo proceso actúa de esta forma, las emociones se convierten en comentarios que afectan a las ventas de una forma u otra. Hay que tener en cuenta, también, que la transmisión de los comentarios conlleva una demora, una especie de *digestión* social que las empresas no ven y como consecuencia, para ellas no existe. Pero, en realidad, sí existe incidiendo en las ventas, aumentándolas o disminuyéndolas inevitablemente. Consecuentemente, el Arquetipo de la Satisfacción puede ser *virtuoso* o *vicioso*. Es decir, puede llevar al éxito a la empresa o su ruina. Muchas empresas han caído en la trampa y han movilizado toda su actividad alrededor de las ventas en lugar de la Satisfacción y han visto incrementar año tras año sus costes para conseguir, incomprensiblemente, las mismas ventas cada año.

Incrementos en la plantilla de Personal de Contacto y/o Ventas, aumentos impulsivos en las inversiones en maquinaria o publicidad, han ido reduciendo el margen, en la búsqueda de una solución a la competencia cada día más preparada. A pesar de todo ello, no se dan cuenta que la solución está en centrar su actividad en el control de la Satisfacción. En focalizar su empresa en el manejo profesional de la Satisfacción de sus clientes y en reducir costes y aumentar y añadir valor.

La Satisfacción no es inversamente proporcional a las ventas, bien al contrario, las ventas han de proporcionar Satisfacción. Eso es, al menos, lo que piensan los clientes. Las empresas no tienen más alternativa que centrar su actividad en la Satisfacción al cliente y sólo una Atención al Cliente profesionalizada podrá garantizar una rentabilidad a la empresa así como la Utilidad que buscan en ella los clientes en esta sociedad-mercado.

4

Las Grandes Demandas de los clientes

Frente a los cambios sociales de nuestro tiempo, los clientes responden con un nuevo comportamiento. Sus demandas superan el mito del precio y la calidad creando verdaderos problemas de comprensión: ¿qué es lo que realmente quieren los clientes?, ¿cuáles son las premisas que gestionan sus grandes demandas?, ¿qué condiciones impone en sus peticiones?

Cuatro son los valores económicos que antepone el cliente en la sociedad-mercado de hoy: la Gestión del Tiempo, la Personalización, la Utilidad-Satisfacción y el binomio Información-Espectáculo. Todos ellos interactúan entre sí y configuran el entramado último de sus decisiones. Tener Clientes Contentos de Verdad significa dar respuestas adaptadas a estos requerimientos.

El Ser es el Tiempo

El cliente se ha dado cuenta de que existe un recurso más escaso que el dinero. El ser humano había pensado que el dinero era lo único que debía poseer y ahora se acaba de dar cuenta que, en realidad, hay un recurso más escaso todavía: el Tiempo.

Los jóvenes de 14 años aseguran sentirse *mayores* y frente a las presiones de nuestros tiempos, argumentan signos parecidos a «déjame disfrutar, que soy viejo». Los eslóganes de las campañas dirigidas a ellos les dicen «por qué tienes que esperar», incitándoles a ir deprisa en sus decisiones de compra y saltarse la linealidad del mercado.

Los clientes no tienen tiempo. Es lo único que no poseen y es lo que desean tener ahora. La sociedad-mercado de hoy se caracteriza por la necesidad de aprovechar el tiempo al máximo y hace todo lo desesperadamente posible para conseguirlo. Los niños, las niñas de 8 años llevan en sus mochilas algo que muchos adultos no llevaron: una agenda. *Clase hasta las cinco. Macramé a las seis. Defensa personal a las siete. Piano a las ocho. Alemán a las nueve. Cena. Deberes. Desmayo a las once.* Están aprendiendo a manejar su tiempo.

Las empresas se dan cuenta que tendrán que manejar el tiempo como forma de competitividad. No se tratará de hacerlo todo en un segundo, sino en un segundo menos que los demás. La empresa de éxito es aquella que respeta el tiempo de sus clientes. No importa lo que hagan los clientes con su tiempo, es suyo y no desean que nadie lo desperdicie. Solo él está autorizado para hacerlo.

El cliente paga dinero por tiempo y las empresas deben organizarse de otra forma para manejar este nuevo recurso escaso. La empresa deberá desterrar frases ya caducas de su cultura empresarial tales como «más vale tarde que nunca», o «si tuviera más tiempo, lo haría mejor».

El cliente no quiere esperar. No quiere hacer cola. Es impaciente. Lo quiere rápido y bien. El Ser es el Tiempo y lo maneja todo en este nuevo milenio.

«¿Te acuerdas cuando los días tenían 24 horas?»[1]

El ser Único

Una corriente de individualismo invade la tierra. En una época en donde se moviliza el mayor grupo de asociaciones en favor de la solidaridad, una especie de movimiento egocentrista aparece en cada casa.

La caída del Muro de Berlín, el nuevo estado ruso, la eliminación de fronteras administrativas y, ahora, una moneda única, dan la posibilidad de ser iguales (?) a todas las personas.

El antídoto está servido, «sí, efectivamente, todos somos iguales», pero... «cada persona es un mundo», se oye en las conversaciones privadas. Frente a un macromovimiento solidario se da un micromovimiento individualista.

Los clientes quieren ser tratados de forma diferente a los demás y no mezclarse con otros. La hora del café es un buen momento para

1. *Hoy por hoy*. Dir. Iñaki Gabilondo. Cadena Ser. Comentario efectuado en directo en primavera de 1999.

comprobarlo. Antes podíamos elegir entre el café, el café con leche y, máximo, el cortado. Hoy la gente pide *su* café, «por favor, un café corto de sobre, con sacarina, en un vaso largo, con cuchara corta y plato grande; la leche tibia y descremada; con espuma, por favor». En realidad, el cliente está diciendo: «ese café soy yo».

Frente a la estandarización de las clases sociales todos somos de clase media, los símbolos de *status* social han dejado paso a los símbolos de *status* individual en donde cada persona busca los valores de su propia identidad en lo que compra.

Las empresas deben tener muy presente este concepto. Nada debe parecer estandarizado y sólo es válido lo que está especialmente personalizado. A la medida y sin repeticiones, «eso es sólo para mí», reza el cliente contento de verdad.

Lo Útil ante todo

Si el recurso escaso es el tiempo, la sociedad es la del *kleenex*. Es decir, de Usar y Tirar. En tiempos de escasez del tiempo, nada es suficientemente importante como para perderlo.

Hubo tiempos en que las camisas duraban años. En que las parejas duraban mucho tiempo juntas. ¿Cuánto tiempo estaba un disco de los Beatles en la lista de los mejores? Mucho. ¿Qué duran hoy las camisas?... ¿y un disco en la lista de los *más oídos*?... ¿y las parejas?... ¿cuánto tiempo dura un ordenador? Poco.

Los clientes son infieles por opción y piden a las empresas que empeñen sus bienes en convertirlos en fieles. Pero, que cambien cada día, que les emocionen con nuevos productos y servicios y les sorprendan cada instante. Las emociones se han abierto paso entre los sentimentalismos.

Y si no es así, si no es útil lo que ofrecen las empresas desde la perspectiva del cliente, «si no me sirve para algo», se irán a otra empresa, y «a mucha honra».

La empresa como espectáculo

Si es cierto que los sentimentalismos han dejado paso a las emociones, entonces ya no hay ninguna razón por la cual, alguna cosa deba durar toda la vida.

Estamos en un momento que todo el mundo quiere representarse a sí mismo. Nadie es propiedad de nadie, todo el mundo es libre y quiere hacer lo que le apetezca.[2]

Cuando el gran recurso escaso es el tiempo, los clientes buscan emocionarse constantemente intentando consumir la mayor cuota de adrenalina en el mínimo tiempo. Las empresas de deportes de aventura se han multiplicado exponencialmente en los últimos cinco años de este siglo que hemos abandonado y cada vez son mayores las demandas de viajes que nada tienen que ver con las vacaciones tradicionales.

2.El filósofo José Antonio Marina escribe «... la única moral vigente tiene que fundarse en la espontaneidad y en la autenticidad, valores que dependen sólo del sujeto que los posee». Marina, J. A. «La civilización flexible y el Yo de plastelina». *Claves del siglo XXI*. Barcelona: La Vanguardia, 2000, pág. 96-98.

Los clientes quieren divertirse y disfrutar. En el fondo, les aburre y les molesta comprar. Los clientes quieren sentir que las empresas preparan sus productos y servicios como si de una película de aventuras se tratara. Con actos y escenografías en donde él, el cliente, es el principal protagonista. Un cliente contento de verdad es un cliente útilmente emocionado.

Figura 5. Las cuatro grandes demandas del cliente

¡¡No puedo perder el tiempo!!

¡Hágamelo sólo para mí!

¿Para qué me sirve?

¿Es divertido?

▶El cliente contento de verdad desea ser tratado con la máxima personalización con objeto de reafirmar su propia personalidad. Busca insaciablemente la Utilidad de todo lo que hace y compra. Maneja el tiempo como recurso escaso y busca emociones nuevas constantes.

5

La respuesta de las empresas

Las empresas no pueden dejar de funcionar. En una sociedad-mercado como la actual, todos somos en algún momento una empresa y como tales, debemos dar una respuesta a las nuevas exigencias del cliente.

Las empresas tienen su punto débil en su forma de organizarse. Establecen organigramas que obedecen al reparto del poder y, muchas veces, están pensados para personas y no para actividades. Es, también, el gran punto débil de la pequeña y mediana empresa. La estructura piramidal está obsoleta: demasiados mandos intermedios, demasiados empleados para pocas actividades y demasiadas actividades para tan pocos empleados.

Las empresas que quieran tener Clientes Contentos de Verdad deben centrar su actividad estratégica en los parámetros siguientes: partir del Bidón Estratégico, conectarse a la vida cotidiana de su organización, establecer los indicativos que señalen la dirección que toman las relaciones con el cliente, conocer cómo funciona el Cliente (en mayúsculas) y dominar la comunicación en el momento del contacto.

Partir del Bidón Estratégico

La estructura de que deben partir las empresas para darle respuestas a los problemas y conseguir Clientes Contentos de Verdad tiene forma de *bidón*; como los bidones de gasolina, por ejemplo. Imagíneselo: es tan amplio de arriba como de abajo; no tiene más amplitud en un lugar que en otro. Por otro lado, véalo dividido en tres partes, como si estuviese pintado de arriba abajo con tres colores diferentes.

La primera zona, la de arriba, estaría ocupada por las personas que gestionan las *grandes decisiones*. Entendemos *grandes decisiones* como todo aquello que acerca a la empresa a una Atención al Cliente profesionalizada. En la decisión, no importa su repercusión internamente, sino aquello que reduce la *distancia* entre la organización y el cliente.

En medio del *bidón* está el Personal que contacta con el cliente. Es decir, aquellas personas que tienen como responsabilidad el favorecer la Satisfacción del Cliente. Entendemos aquí que todas las personas de la organización son Personal de Contacto.

En tercer lugar, e incluyéndoles dentro de la organización, tenemos los clientes. Efectivamente, el Bidón Estratégico considera a los clientes como parte de la empresa, «incluyéndolos en el organigrama».

De esta forma, una empresa queda reducida a tres ámbitos: la Gestión de las Grandes Decisiones, la Gestión del Contacto y la Satisfacción del Cliente. A partir de aquí, sólo hay que organizarse desde la base; es decir, se establecen los criterios de Satisfacción y cada ámbito recurre a una puesta en escena que favorezca su consecución.

Figura 6. El Bidón Estratégico

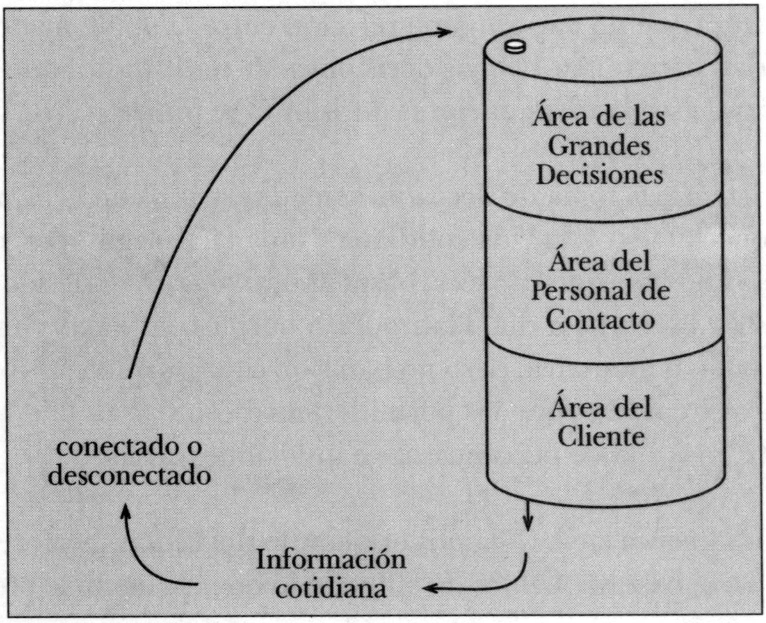

▶Para poder tomar decisiones encaminadas a satisfacer al cliente *sólo* hay que conectarse a la vida cotidiana de la empresa y escuchar lo que el cliente dice. Lo demás es cuestión de reaccionar y adaptarse a los cambios que propone el propio cliente.

A pesar de que la gestión de empresas es muy compleja, sólo la capacidad que tenga para visionar conectores de Satisfacción y organizarse internamente para mantenerlos, da sentido a cualquier organigrama que pueda imaginarse.

Conectarse a la vida cotidiana

El concepto del Bidón Estratégico rubrica unas *investigaciones* recientes que han echado por tierra la hipótesis de que la madera de caoba era imprescindible en los despachos de las empresas. Se sabe con certeza que no hay ninguna relación entre la noble madera y la capacidad para tomar buenas decisiones. Ya nada indica que contra más grande sea la mesa, mejores decisiones se tomen.

Hoy en día, la toma de decisiones tiene relación con la capacidad para conectarse con la vida cotidiana. Nada fácil, según parece. Las empresas no han sido capaces, hasta ahora, de saber qué sucede en su interior en el día a día. Han puesto normas, sistemas y mandos intermedios a mansalva, pero no han sido capaces de tener indicativos claros y concisos que les permitieran reaccionar en la dirección correcta, más allá de percepciones e intuiciones falsas.

Es sumamente fácil. Cojamos el ejemplo del Bidón, perforémoslo por la parte baja, saquemos de allí todo lo que el cliente le ofrezca y trasladémoslo arriba, a la parte de las *grandes decisiones*, y, simplemente, obre en consecuencia. Verá qué fácil es. Sólo se tiene que hacer los que sugiere el cliente. La gran diferencia entre unas empresas y otras, es que unas lo saben y lo hacen y otras, lo saben pero no reaccionan. Otras ni lo saben. Pero éstas ya no existen.

Crear indicativos

En el mundo de la empresa, quizá nada es tan difícil como mantener una relación estable con un cliente. Los clientes no desean una relación estable con las empresas, piensan «qué va hacer la empresa por mí» y nada más.

La relación ha de ser intensa, eso sí. Ha de obedecer a todas las expectativas que el cliente tiene y cualquier distorsión provoca la mayor de las decepciones. El cliente es así y así quiere seguir siendo. Por eso es importante que la empresa tenga un sistema mucho más racional de relación. La racionalidad la ha de poner la empresa, y desde ella ha de basar su relación con el cliente.

La empresa ha de tener indicativos basados en un sistema cuantitativo que le lleve a tomar decisiones correctas y poco precipitadas. Eso no significa que el sistema tenga que tardar un tiempo en ofrecer esos indicativos, los cuales deben aparecer cada día, sin dilación. La decisión no debe retrasarse y las empresas deben reaccionar rápido a partir de dichos indicativos.

El cliente no siempre tiene la razón, pero tendremos que demostrarlo con indicativos. Para ello, deberemos tener siempre presente la famosa Campana de Gauss. En ningún caso, la empresa debe cambiar su Utilidad por cada una de las apreciaciones que da cada cliente diferente. La empresa ha de trabajar con métodos estadísticos que le permitan valorar científicamente cuál es la dirección que toman los contactos con sus clientes.

Actualmente, los indicativos son muy importantes para las empresas. ¿Sabemos las llamadas telefónicas por causa, hora y zona?, ¿sabemos los casos solucionados durante un día por causa, persona

Figura 7. Indicativos y clientes

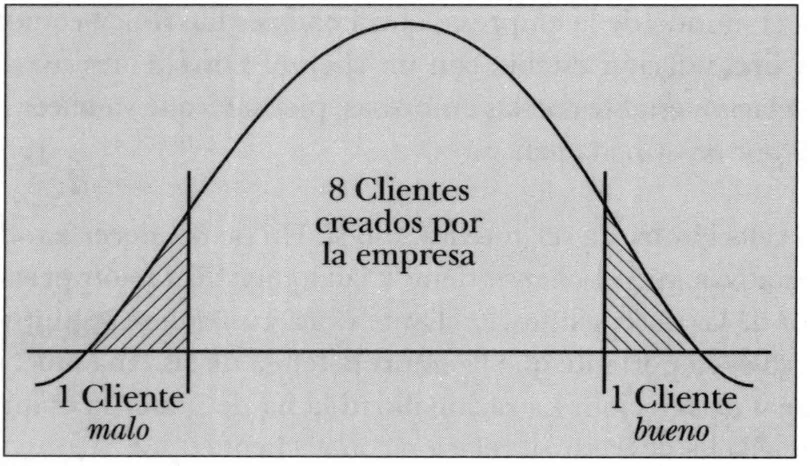

▶De cada diez clientes (100 %) tienen que haber 8 (80 %) que sean la referencia para los indicativos. Siempre encontraremos un cliente que por muy bien que hagamos nuestra Atención al Cliente nunca estará contento (cliente *malo*) y siempre existirá el indicativo del cliente *perfecto*: aquel que nunca da un problema por muy mal que desarrollemos nuestro contacto (el cliente *bueno*). De estos dos extremos lo que hay que hacer es olvidarse de ellos.

y razón?, ¿conocemos cuántos comentarios negativos tenemos en relación a nuestra gestión?, ¿sabemos?, ¿conocemos?, ¿sabemos?, ¿conocemos?...

Es necesario remarcar la necesidad de tener indicativos de la gestión pero nunca de las personas. Es decir, este control es un control de la actividad, nunca un control del Personal de Contacto. Para que ello sea así, debe fomentarse un ambiente de confianza y trabajo en equipo, evitando el «quién ha sido», que provoca aquello tan bonito de «a mí no me compliquéis la vida, porque yo no he sido», o también aquello de «ese no es mi trabajo» o «a mí nadie me lo dijo».[1] Frases que, evidentemente, también son indicativos.

Hacerse tres útiles preguntas

La empresa que desee entrar en esta nueva dimensión comercial, deberá reconducir su estrategia basándose en el concepto de Utilidad. Para ello, es necesario que se haga tres preguntas estratégicas para definir de nuevo su actividad.

La primera pregunta estratégica deberá formularse de la siguiente manera:

«¿En qué soy útil?», deberá preguntarse la empresa. Más aún, si quiere ser riguroso con la respuesta se tendrá que introducir una variable.

Cojamos una metáfora en la que podamos involucrarnos todos. Imaginemos que pudiésemos hacer, con la inserción de un matiz, la pregunta siguiente: no sería exactamente lo mismo preguntar a nuestra pareja (si es que quisiéramos respuesta o pudiese responderse) «¿tú por qué me quieres?», o bien le preguntásemos «¿tú, [realmente], por qué me quieres?». Valga el ejemplo para detectar la influencia de la variable [realmente] en la pregunta y valorar, a la vez, la importancia de incluirlo en la primera pregunta estratégica.

Por lo tanto, la pregunta completa es:

«¿En qué es, [realmente], útil?» (mi empresa o mi organización).

1. Elías, J. *Organización Atenta.* Barcelona: Gestión 2000, 1994.

La respuesta no es sencilla para muchas de ellas. Muchas empresas se empeñan en definir su actividad por sus máquinas o instalaciones, cuando en realidad, la Utilidad está en el cliente y, con toda seguridad, en el lugar más insospechado de su cerebro. La Utilidad es a veces inconfesable (como podría ser la respuesta a la pregunta realizada a la pareja), por eso no es fácil detectarla. Sin embargo, los clientes lo saben, aun cuando les sea difícil definirla. Las empresas que quieran competir en Utilidad deberán tener obsesión por encontrar una respuesta a la pregunta en cuestión. Una respuesta que quizá no podrá ir en sus catálogos de forma explícita, pero que acabará siendo el éxito de su negocio, si sabe reconducir bien la *coartada* necesaria para transmitirla.

La segunda pregunta mantiene la variable inamovible. Es necesario mantener ese rigor en la pregunta y favorecer una respuesta clara y concisa. Por eso, la siguiente pregunta es:

«¿A quién somos [realmente], útil?» (en la empresa o en la organización).

Las empresas tienen tendencia a no saber renunciar a ningún posible cliente. En el fondo, a nadie le gusta renunciar a nada. Sin embargo, si se quiere entrar de lleno en el concepto de Utilidad habrá que practicar el *ejercicio de la renuncia*. Es decir, es muy difícil ser útil a todo el mundo. Es, definitivamente, imposible.

Además, los clientes no verán la misma Utilidad en la misma acción y tenderán a separarse de los demás por la acción de individualización que requiere el nuevo cliente. Los clientes no quieren ser tratados de la misma manera, ya lo hemos dicho; harán todo lo posible por encontrar los matices que sugieran una distorsión en la Utilidad; no quieren ser mezclados y buscan un espacio propio e inalienable.

La tercera de las preguntas es la más curiosa estratégicamente hablando, pero la más necesaria (valga la redundancia aquí) estratégicamente hablando.

Se trata de identificar, con antelación, el proceso de reduccionismo cognitivo que harán los clientes sobre nosotros. Es decir, se trata de establecer una relación directa entre lo que haremos (no hacemos, sino haremos) y la idea que tendrán, inevitablemente nuestros clientes de nosotros. Se trata pues de contestarse a la tercera pregunta estratégica de la siguiente manera:

«¿Cómo quiero (la empresa o la organización) que me recuerden (los clientes o usuarios), [cuando no me utilizan]?»

El análisis de la pregunta es clave. Se trata de definir, pues, el recuerdo inducido que tendrá el cliente por la ejecución de nuestros comportamientos en cada una de las áreas y personas de nuestra empresa. En realidad, una empresa no tiene nada, ni tan solo sus productos son finalidades. En cualquier caso, todo son elementos que están al *servicio* de la Utilidad, y si no está todo perfectamente definido hacia ella (la Utilidad), ese recuerdo inducido provocará el inevitable olvido del cliente o el indeseado mal recuerdo del usuario.

Se trata, pues, de contestarse estratégicamente cuál es el concepto con el que el cliente se quedará en su memoria cuando se vaya. Será pues una especie de *bomba de relojería* que, instalada (de una forma u otra, siempre se instala) en el cerebro del cliente, debe facilitar su regreso a nuestra empresa o el regreso de «buen rollo» del usuario a nuestra organización.

Una vez analizado y decidido este planteamiento estratégico (de suma importancia en mercados de «todo es igual»), la empresa estará en condiciones de transmitirlo a sus empleados. De hacerlo con la mayor de las precisiones y de involucrarlos hasta la médula en la consecución de los objetivos, dependerá el éxito de la misma y la capacidad para dejar a los Clientes Contentos de Verdad.

Conocer cómo funciona el Cliente

La empresa que desee establecer relaciones profesionales con sus clientes tendrá que comprender el funcionamiento del Cliente, en mayúsculas. Es decir, entender las claves que gestiona el comportamiento del 80 % de los clientes (utilizando el modelo de la Campana de Gauss anterior). Muchas empresas y personal de contacto se preguntan: «¿por qué son tan raros los clientes y los usuarios?», «¿por qué se enfadan por tonterías?» o «¿por qué se quedan tan contentos por una bobada?»...

Para comprender el funcionamiento de los clientes tendremos que recurrir a un clásico lugar. Los seres humanos tenemos un pequeño órgano que nos lleva de cabeza y que está, curiosamente, en la cabeza: nuestro cerebro. En él se dan la mayoría de las explicaciones que las empresas quisieran saber de sus clientes y que amistosamente y a partir de aquí, vamos a reconocer como el *Alien* que no controlamos. Es decir, los clientes llevan un *Alien* en su interior que *no controlan*.

El cerebro es un *Alien* que tiene su propia vida y conocer su funcionamiento (desde el punto de vista que nos ocupa), es importante para gestionar una Atención al Cliente profesionalizada.

El cerebro funciona, esencialmente, por tres factores. El primero de ellos es el *alimento*. El cerebro se alimenta, todo el día, de puntos de referencia (la mínima información válida por sí misma). No descansa, tiene bulimia y necesita devorar constantemente información del exterior. Come y come sin parar. No duerme. Él come y nosotros soñamos. No para de comer porque sabe que si lo hiciese *moriría*.

Como consecuencia, el propio cerebro ha generado una mutación y ha creado el segundo factor que explica su funcionamiento. El cerebro busca información y se alimenta de ella, pero si no hay información del exterior, si no hay nadie que le *cocine* una buena *comida*, no tiene problemas: se la *cocina* él mismo.

El cerebro cuando no tiene información, sencillamente, se la inventa. A todo este proceso interno los psicólogos lo han llamado *la construcción de la realidad*[2] y que nos permite decir aquí que el cliente o usuario, si no tiene información, pues... se la inventa y... tan tranquilo.

Por eso, este planteamiento tira por tierra aquella vieja idea de que «al cliente hay que decirle lo justito». Pues muy bien... si no se lo decimos (lo que tenemos que decirle cuando efectuamos la Atención al Cliente), no hay problema, su cerebro *se lo dirá* (lo que el *Alien* quiera y de la forma que quiera).

Además, el tercer factor acaba de arreglar las cosas. Si el cerebro tiene la facultad de manejar su propia información, ¿qué tipo de información recreará?, ¿alguna en su contra? De ninguna manera: el cerebro elaborará la información que más le interese a él y a su *propietario*.

Es por eso que las empresas no pueden dejar nada al azar. El cliente elaborará sus expectativas en base a las convenciones del

2. Carbó, E. *Manual de psicología aplicada a la empresa*. Barcelona: Granica, 1999.

mercado y si no lo dice una empresa, otra lo dirá, y lo que quede en el *tintero*, lo *pone* el cerebro del cliente.

En realidad, los clientes desean que las empresas les ayuden a gestionar sus *Aliens* y así poder disfrutar de cierta tranquilidad. La vida cotidiana trae muchos ejemplos sobre el funcionamiento de nuestro *Alien*. Numerosas veces nos hemos encontrado dialogando solos y a la pregunta de «¿con quién hablas?» no tenemos más remedio que contestar «con mi cerebro, que no me deja tranquilo». En situaciones de nuestra vida en las que pasamos por un mal momento, nos dan aquel consejo de «no pienses, distráete; ve al cine», y cuando finalmente vamos al cine, en realidad quien va al cine es nuestro *Alien*. Nosotros, simplemente, le acompañamos.

Las empresas y organizaciones que sepan manejar con equilibrio los tres factores del cerebro del cliente serán capaces de tener *Aliens* contentos de verdad.

Ser expertos en comunicación de contacto

Cada *Alien* es peculiar, por eso cada cliente es diferente. Cada uno de ellos tiene su *Alien* nacido de sus experiencias en los primeros años de su vida y de ellos depende todo lo demás.

Las empresas también tienen su *Alien*. Un *Súper Alien* espectacular y multicéfalo, con tantas imaginaciones como directivos y empleados y tantas realidades como personas que la constituyen; dependiendo de ello la capacidad de efectuar una correcta y rentable Atención al Cliente.

Las empresas buscan emocionar a sus clientes y lo hacen con la mejor de sus estrategias. Hacen comunicación y elaboran mecanismos de relación que controlen dicha emoción. Pero muchas de ellas, no se dan cuenta que el silencio no es silencio. No lo es, según nos asegura el funcionamiento del *Alien*.

Muchos sectores de la economía hablan en voz baja, o no lo hacen, creyendo que ocultando información no mienten. Piensan que es mejor callar que decir la verdad. La verdad y la razón no tienen cabida en la Atención al Cliente. Las empresas no deben funcionar en términos de verdad absoluta, hay una verdad entre ella y sus clientes y eso es suficiente para establecer una relación exacta. Es la Utilidad quien da valor a la relación y punto.

Sin embargo, las empresas deberán aprender a no callar. A no dejar nada en manos del *Alien*. Sencillamente, porque palabras no dichas, son palabras dichas. El *Alien* se encargará de ponerlas en boca del cliente y, este, a su vez, confeccionará una nueva información, para que nuevos *Aliens* hagan de ella una nueva invención.

Aquí también la vida cotidiana tiene ejemplos maravillosos. Puede que la mayoría de nuestros problemas vengan dados por la falta de control de nuestras palabras. El ser humano tiene la asignatura pendiente de hacerse entender, de utilizar su capacidad para hablar con un código claro en sus relaciones. Hay todavía personas que esgrimen «¿esto yo no te lo dije?» y otros están todo el día argumentando: «sí, pero, es que yo me pensaba que», como si unos y otros no quisieran encontrar en la claridad de sus palabras, la claridad de sus relaciones.

Figura 8. Proporcionalidad de la información

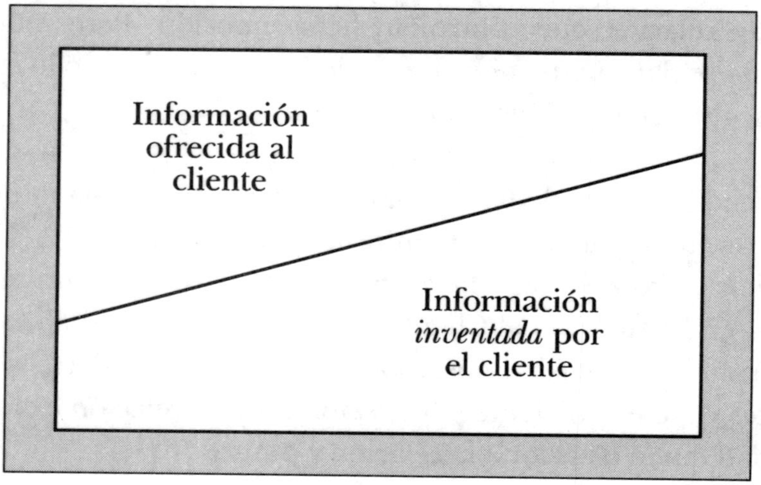

▶El cliente no puede sobrevivir sin información. Si no obtiene toda la información de la empresa, su cerebro (su *Alien*) se la proporcionará con el consiguiente problema que ello supone: el cliente crea sus propias expectativas y la empresa no controla nada del proceso de relación.

Estamos en manos de los *Aliens*, por eso, no deje de explicarse bien, el cliente se lo agradecerá. Seguramente, volviendo a comprar en su empresa. Y si no tiene otra alternativa, viniendo otra vez a su organización con ganas de colaborar.

6

Gestionar desde la Satisfacción

En el campo de la gestión de empresas hace ya tiempo que se habla de la Fórmula de la Satisfacción.[1] Como otros autores, la utilicé en *Organización Atenta* y allí se elaboraron las primeras conclusiones. Entre ellas, la más importante, consiste en aceptar que una empresa que desee gestionar desde la Satisfacción deberá hacer, siempre, más de lo que el cliente espera.

Esta primera premisa y el análisis exhaustivo de la fórmula llevan a la conclusión que, en ella, se encierran nuevas reflexiones que las

1. Alet, J. *Marketing Relacional. Cómo obtener clientes leales y rentables.* Barcelona: Gestión 2000, 1994.

empresas deberían tener en cuenta si quieren ofrecer el máximo valor a sus clientes. De la lectura profunda de la Fórmula de la Satisfacción se extraen seis nuevos planteamientos. Seis nuevas reflexiones que invitan a la empresa a poner en práctica nuevas estrategias en diferentes ámbitos de su actividad.

Saber X

La Fórmula de la Satisfacción empieza a funcionar cuando la variable X se pone en marcha. Es decir, en ella se encuentra la información más preciada del cliente para poder manejar la fórmula con éxito.

El primer conector de la fórmula será, entonces: *Saber X*. Para ver la importancia de *Saber X* veamos un ejemplo en una metáfora cotidiana. Imaginemos la relación entre una pareja en una una situación concreta. Después de un año de relaciones la historia se encuentra en un sábado por la tarde. Falta una semana para el cumpleaños de ella (el ejemplo podría funcionar al revés) y, en ese mismo instante, faltan dos horas para que la televisión ofrezca en directo el partido de fútbol Barça-Madrid (el ejemplo podría funcionar al revés). Ese día, la pareja está paseando por unas galerías comerciales; de pronto, ella, abalanzándose hacia un escaparate, exclama: «¡qué bolso... qué bolso más bonito!, ¡¡ con la falta que me hace un bolso!!». Él, a dos metros de la mujer, mira el reloj y, dando la vuelta sobre sí mismo, exclama: «¡venga ya, que va a empezar el fúúúúúúúúútbol!». Ese día empieza a ponerse en marcha la Fórmula de la Satisfacción.

Pasaron los días y nuestro protagonista se encuentra, a la vuelta de 48 horas, con el cumpleaños de su pareja: «Dios mío, otra vez un regalo, con el trabajo que tengo». El hombre, agobiado por la cantidad de cosas que hay que hacer en un día de 24 horas mal diseñado, mira por la ventana y ve el cartel iluminado de su vida: relojería.

Baja precipitadamente por las escaleras (el ascensor tarda demasiado), entra y sale de la relojería sin que su tiempo de trabajo se haya inmutado, «seguro que este regalo gusta», piensa. «Un reloj siempre funciona», le susurra su *Alien*.

En el momento en que nuestro protagonista entregó el reloj como regalo, la Fórmula de la Satisfacción completó su funcionamiento. En nuestro caso, la pregunta clave es ¿qué era X? Efectivamente, era el bolso. ¿Qué ha entregado?, un reloj. Por lo tanto, la Fórmula de la Satisfacción ha generado un resultado negativo.

Saber X, es la primera de las premisas para que funcione la fórmula. *Saber X* es reconocer qué es lo que el cliente espera de nosotros y dárselo. A las empresas les parece complicado *Saber X*, pero nada es tan fácil si estamos conectados a la vida cotidiana de la empresa, tal y como sugiere el Bidón Estratégico.

Saber X es fácil cuando la empresa posee indicativos y trabaja para manejar la fórmula. Las empresas ya no deben centrarse en el trabajo, tienen que centrarse en los clientes; su objetivo ya no son las ventas sino la satisfacción de sus clientes.

El problema es que las personas que deberían efectuar la Atención al Cliente están ocupadas únicamente en su trabajo (en el fondo todos están pendientes de ver un *partido Madrid-Barça en forma de faena*) en lugar de estar pendientes de lo que dice el cliente cuando se *para frente* a *nuestro escaparate*.

La obsesión de una empresa debe ser *Saber X* y sólo de esta forma tendrá la posibilidad de gestionar bien la Fórmula de la Satisfacción.

Inversión y Satisfacción

Muchas organizaciones caen en la trampa de centrar su actividad únicamente en las ventas y movilizan el Arquetipo de la Satisfacción *vicioso* en lugar del *virtuoso* (ver figura número 4). Lo han hecho dueños de la falsa idea de que la inversión efectuada para vender más, moviliza inmediatamente la Satisfacción.

Aumentar las inversiones debe ser directamente y exponencialmente proporcional al aumento de valor. Sin embargo, no significa que sea necesariamente así.

Volvamos al ejemplo del reloj y pongámoslo al servicio de esta idea. El bolso del ejemplo de la pareja valía (pongamos) 40.000 ptas. y el reloj (supongamos) costó 60.000 ptas. Si fuera válida la propuesta de, a mayor incremento de la inversión mayor incremento de la Satisfacción, el regalo hubiera funcionado. Pero ¿y si el reloj hubiera valido 500.000 ptas., habría aumentado la Satisfacción? En el caso de querer extrapolar el ejemplo a la gestión de las empresas, diríamos otra vez aquí que, «si es así, el problema está en otro sitio».

Recuerdo un caso que explica bien este concepto. Durante los ya lejanos Juegos Olímpicos, cuando hacíamos los *castings* de hoteles para hospedar a la familia olímpica, un empresario del sector me pidió que le diera mi opinión para mejorar la rentabilidad de su negocio. Aprovechando un viaje visité sus instalaciones ya que el hombre insistía en encontrar una estrategia mágica (según él) para que su hotel tuviera clientes durante el invierno. Después de dar un pequeño paseo por sus instalaciones encontré la tan buscada (por él) idea mágica: se trataba, sencillamente, de instalar la calefacción.

Esta inversión no es la correcta para que la satisfacción se movilice. Parece evidente que al aumentar la inversión en calefacción aumentará la Satisfacción de los clientes. Pero este caso explica muy bien que no se trata de este concepto. En cualquier caso, si ponemos la calefacción, lo que disminuirá es la Insatisfacción de los clientes, consiguiendo con ello que vengan.

La Sanidad es otro sector con confusiones; invierte e invierte creyendo que de esta forma aumentará la Satisfacción de sus pacientes y luego se frustra cuando ve que no es así. La inversión debe ser capaz de añadir valor para el cliente y sólo si se domina el conocimiento sobre *X* podrá hacerse con todas las garantías y ganancias.

La irrealidad de la Satisfacción

La Satisfacción es una emoción que viene movilizada por una simple comparación entre las expectativas del cliente y el servicio ofrecido por la empresa. Sin embargo, si el resultado de la resta es cero, no se habrá movilizado ninguna emoción con valor añadido. Es decir, la empresa no habrá conseguido otra cosa que hacer lo que tenía que hacer. De ese modo no compite y está a expensas únicamente de los movimientos de su propio mercado.

Es por esa razón por la que es necesario añadir algo más a lo esperado. Es por eso que se habla del «*x+1*» en la fórmula y se insiste en la necesidad de que las empresas gestionen un valor como el elemento de la competitividad.

Pero, ¿qué es valor? En primera instancia hemos de entender que valor es un añadido al servicio o al producto capaz de sorprender al cliente y que, a la vez, a la empresa le suponga pocos costes.[2]

Volvamos al ejemplo de la pareja. ¿Qué sería valor allí? Hemos de partir de la base ineludible que el núcleo del servicio (el bolso, en este caso) está perfectamente anclado (o sea, es aquel bolso de aquel modelo y aquel color). Bien. ¿Valor sería el bolso bien envuelto, por ejemplo? No. Bien envuelto sería un *proceso esperado* (muchas empresas creen que añaden valor, cuando en realidad es un servicio ya esperado por parte del cliente). ¿Bien entregado y con amabilidad sería un valor, entonces? Tampoco. Eso vuelve a ser un *servicio esperado* (muchas empresas definen la Atención al Cliente como un valor cuando, en realidad, para el cliente es un servicio esperado, casi exigido. ¿Qué sería valor entonces en nuestro ejemplo? Valor sería que dentro del bolso, por ejemplo, apareciera un mensaje manuscrito manifestando algo parecido a «Querido/a Y, gracias por este año que llevamos juntos. Soy muy feliz a tu lado. Tú eres importante para mí. Te quiero. Z». ¿Se lo imagina?

¿Se imagina que Y y Z fueran empresa y cliente? Bien, eso es valor. Una acción que tiene que ver con la capacidad de gestionar emociones y que, a la vez, no tiene un elevado coste, ¿qué coste tiene la nota?

---

2. Nueno, J.L.; Scholz, D. *Creando Valor para el cliente*. Barcelona: Biblioteca Iese de Gestión de Empresas. Folio, 1997.

Es obvio que la empresa debe estar organizada (sobre todo mentalmente) para poder poner en marcha este conector de la Fórmula de la Satisfacción. Por esta razón, los empleados son muy importantes y por esa misma razón son necesarios nuevos empleados y nuevos jefes. Por eso es necesario que todo el mundo aprecie la necesidad de *hacer notas*, y que todos entiendan que el valor son ellos.

Un pasaje de la película *Cuando Sally encontró a Harry* lo explica muy bien: la *chica* se queja a su marido que hace tiempo que no van juntos al cine. Su marido, mirándola fijamente, le contesta: «precisamente me casé contigo para tener que salir más». Ésa es la cuestión central, las empresas venden, conquistan y se *casan* con los clientes con el objeto de abandonarlos en la burocracia de los pedidos y dejarlos en manos de personal sin la capacidad necesaria o sin la libertad suficiente para actuar desde ella. En el fondo, las empresas quieren clientes para dedicarse a lo que realmente les gusta: a trabajar y olvidarse de ellos.

En definitiva, la Satisfacción se moviliza cuando se añade valor y cuando supera las expectativas del cliente. Cuando es así, el propio servicio ya no es, en sí mismo, servicio (el bolso es un objeto en sí mismo, y la nota también lo es. Pero juntos, la nota y el bolso ya no son dos objetos juntos, son *algo* nuevo). Son, en realidad, una emoción.

Consecuentemente, la Satisfacción es una percepción en la mente del cliente. Las empresas deben acostumbrarse a manejar, a conocer y a entender ese concepto. Hacer todo ello es ahora el verdadero campo de la competitividad.

Muchas empresas se centran en explicar qué tipo de servicio ofrecen cuando no encuentran una buena relación con el cliente. No hace falta que se esfuercen. Si no entienden todo esto, nunca entenderán la dimensión del servicio. Nunca sabrán que (en realidad) la Satisfacción es una irrealidad.

Las ventas y la publicidad

El otro conector de la Fórmula de Satisfacción insiste en el peligro de la utilización indiscriminada de las ventas y la publicidad.

En este caso, los departamentos de ventas salen a la calle con un solo objetivo: cazar clientes. Para ello hay que utilizar la mejor de las armas: *los argumentos de ventas.* Para algunas empresas *los argumentos de ventas* no dejan de ser otra cosa que *manuales de kárate,* pero verbales, con el objeto de separar al cliente de su raciocinio para que firme el pedido deseado.

Por otro lado, las pequeñas empresas envidian a las grandes porque tienen mucho presupuesto para «hacer publicidad». Pero no se dan cuenta que su mayor publicidad es la que se elabora al ofrecer un buen servicio y manejar con habilidad la Fórmula de la Satisfacción.

No diga más de lo que pueda hacer. Invierta en hacer más de lo que espera el cliente y contemple como sus ventas y su publicidad aumentan por sí solas.

La departamentalización

Con el paso del tiempo, nos sorprenderemos que nuestras empresas estén organizadas por departamentos (según el diccionario: sección de una empresa con funciones específicas derivadas de la división del trabajo).

La Fórmula de la Satisfacción es un contador compacto en la cabeza del cliente y no se puede dividir y es imposible parcelar la fórmula por departamentos. Es impensable que las expectativas estén en manos de un departamento y el servicio en otro; y, más aún, el valor añadido, en otro.

Las empresas tienden a dividir su organización en departamentos y ese hecho conlleva que las personas que trabajen en ellos piensen en términos de trabajo por departamento y no por ejecución de valor. Hay empresas que han entendido esta premisa y confeccionan sus organigramas centrados en gestionar valor para el cliente, estableciendo un organigrama en donde el epicentro es el cliente y organizan los nuevos departamentos en áreas de servicio internas. Es decir, en una empresa, todos sus componentes han ser proveedores y clientes a la vez.

La fuerza de la memoria histórica

Las guerras son inexplicables desde todos los puntos de vista. Sin embargo, la mayoría de guerras tienen lugar por culpa de la llamada *memoria histórica*.

Muchas empresas emprenden nuevas fases en sus estrategias

como si el mercado no tuviera historia. Como si los clientes hubieran perdido su memoria en el tiempo y nada quedara en su cerebro.

Las expectativas de un cliente se forman por la suma de muchos elementos. En primer lugar, las expectativas tienen que ver con las *convenciones del mercado*. Es decir, la suma de comunicaciones que hace el propio sector que, en una especie de suma de comunicaciones de cada empresa, genera una serie de claves esperadas por el cliente que ya no cuestiona y desea le sean ofrecidas de inmediato.

Por otro lado, la *propia y particular comunicación* generada por cada una de las empresas es crucial para la formación de las expectativas del cliente. También es importante la *transmisión del boca-oreja* en la prescripción espontánea.

Finalmente, la fuerza de las expectativas la dará las *experiencias pasadas* que el cliente haya tenido con la empresa. Es decir, el cliente arrastra, inevitablemente, las experiencias de un contacto hasta el siguiente. Y lo hace desde dos puntos de vista. El positivo, es decir, espera que sus expectativas se cumplan de nuevo y con el consiguiente incremento del valor añadido en la siguiente ocasión. En el caso negativo, el cliente empieza a recelar de la empresa y dependiendo de la gravedad de la distorsión, el cliente actuará de una forma u otra. Es decir, le dará otra oportunidad a la empresa, no volverá nunca más o, incluso, le contará a todo el mundo su mala experiencia como una forma de castigo y liberación de sus emociones negativas.

Entonces, las empresas deben tener en cuenta dos factores: no eludir la responsabilidad de la memoria histórica, por una parte, y por otra, el cliente siempre esperará mucho más en el próximo contacto.

Por eso las empresas no pueden parar de añadir valor. Por eso la Satisfacción es, también, una utopía. Una maravillosa utopía.

Figura 9. La fórmula de la Satisfacción y sus 6 conectores

Sa=P de servicio – Expectativas
Satisfacción del cliente = (es igual a) la percepción del servicio que presta una empresa – (menos) las expectativas iniciales del cliente

Conector [1] **Saber X**
Conector [2] **Δ Inversión $\neq \Delta$ Satisfacción**
Conector [3] **(x) = (x); (+1) = (+1); (x+1) = emoción**
Conector [4] **Sólo hay una fórmula por cliente**
Conector [5] **Cuidado con las ventas-publicidad**
Conector [6] **Todas la empresas tienen a los clientes que se merecen**

▶La fórmula de la Satisfacción obliga a las empresas a 1) conocer exhaustivamente las expectativas del cliente; 2) no caer en la trampa de la inversión indiscriminada; 3) crear valor constante e invertir con ese objetivo; 4) intentar no hacer de sus ventas y su publicidad una frustración constante; 5) organizarse para auditar el servicio en todos sus rincones; 6) tener en cuenta que el cliente acabará siendo aquello que nosotros hemos sido capaces de crear.

7

Las 10 claves de la Atención al Cliente

Pero, ¿qué es Satisfacción?, una mobilización de la emoción, según parece. Entonces, ¿cómo se puede medir la Satisfacción?, ¿cómo se puede *ver* la Satisfacción? En la medida que una empresa debe tratar de ver los resultados de su gestión de forma convincente, en esta parte del libro se abordan los resultados de una investigación[1] que permite reconocer las áreas significativas que movilizan la Satisfacción en los clientes. Mientras buscaba una manera para comprender mejor la relación con los clientes, me encontré de frente con un empresario que me hizo el siguiente comentario:

1. Valerie, A., Zeithmal, A., Parauraman y Leonerd L. Berry. *Calidad total en la gestión de servicios*. Madrid: Díaz de Santos, 1993.

«¡Mira, todo esto de la Satisfacción es muy bonito, sí... pero si quieres dirigir una empresa... sólo hay que poner en práctica una cosa: hacer *pasar por el tubo* a clientes y empleados. ¡Y punto!»

Su propuesta me hizo reflexionar. ¿Pasar por el tubo?, pensé. Quizás tenga razón. ¿Qué es, en el fondo, la vida?, ¿qué es, en el fondo, el mundo?, ¿y la familia?, ¿y un país?, ¿y un gobierno? Pues una serie de tubos concéntricos que, bien con una mayor o menor envergadura, están siempre por encima de nosotros para hacernos *pasar* por su interior, ¿no es cierto?

El problema estriba en el papel que se nos reserva a los *pasadores* por el tubo. Ese es el dilema. Siempre ha habido personas que quieren apoderarse del *tubo*. De esa forma, hacen pasar a los demás, mientras que ellos, ilusos, se creen que no pasan por ninguno.

Por el *tubo, pasar por el tubo*. Efectivamente, el cliente pasa por el tubo porque las empresas establecen sus normas e invitan a que el cliente *pase* por ellas. Hasta aquí, ningún problema. Pero, cuando nuestro empresario se refería a hacer *pasar por el tubo* al cliente entendía que éste nada tenía que decir y que era la empresa la que dominaba la relación.

Hoy el cliente pasa por el tubo, es cierto. Pero el cliente pasa por un *nuevo tubo*: el Tubo de la Satisfacción; y en su tránsito se convierte en el auditor de la Satisfacción, siendo el cliente quien valora lo que la empresa hace para conseguirla. El gran cambio estriba, entonces, en que el cliente *pasa por el tubo* pero no lo hace como víctima, sino como Inspector de su Satisfacción. Es decir, la idea central es que los clientes, cuando contactan con una empresa, lo que hacen realmente es examinarla. Piense en cuántos

Figura 10. El Tubo de la Satisfacción

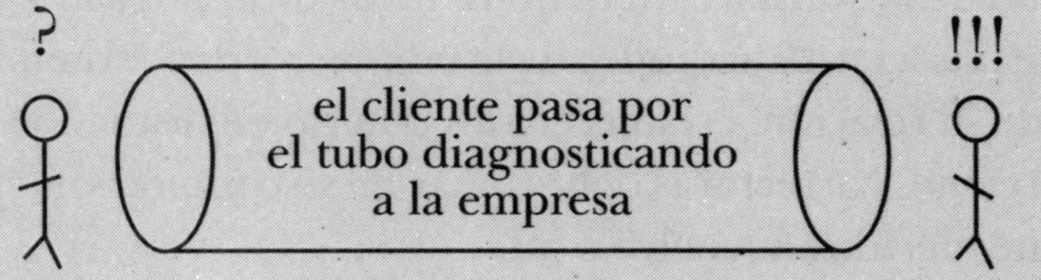

Cumplir todas las promesas
Respetar el tiempo del cliente
Tener obsesión por los detalles
Ser siempre cortés
Mantener el rol profesional
Dar seguridad al cliente
Respetar la confidencialidad
Ser extremadamente accesibles
Comunicar comprensiblemente
Reaccionar frente al error

▶El Tubo de la Satisfacción permite analizar cuáles son las características que valora un cliente cuando entra en contacto con un cliente.

contactos con clientes tiene al día su empresa. Pues bien, ese número (ese inmenso número) es proporcional a cada investigación. Es decir, cada vez que hay un contacto con un cliente, su empresa revive la visita del *inspector*. Estos son los factores que controla el cliente y de ellos depende que un cliente esté contento de verdad.

1ª clave: **Cumplir todas las promesas**

El Tubo de la Satisfacción tiene 10 áreas de *inspección*. Es decir, el cliente se fijará en 10 actitudes de la empresa y dependiendo del resultado de su relación, establecerá un criterio de distorsión y decidirá qué acciones correctoras debe tomar en su comportamiento. Sencillamente, decidirá si vuelve o no.

Lo primero que se asegura el cliente es que la empresa cumpla todas las promesas. Entendemos como promesa todo aquello que la empresa plantea al cliente, tanto explícitamente como implícitamente; tanto globalmente como focalizadamente. La división de las promesas en estas categorías ayuda a entender hasta qué punto el cliente lleva a cabo su inspección.

Una promesa está en un catálogo de la empresa. Lo está también en un letrero en la puerta de entrada y lo está en la cabeza del cliente en forma de convenciones del mercado. Eso es importante tenerlo en cuenta. El cliente no sólo observará la letra impresa, sino que valorará lo que se espera de una empresa como aquella, en un sector como aquel. Hay prestaciones que no hace falta que el cliente haya visto escritas ni se hayan dicho explícitamente para reclamarlas, el cliente gestionará la información que se deriva de la *no información* (recuerde: palabras no dichas, son palabras dichas). Entendemos así que hay promesas implícitas que han de ser efectuadas sin demora por la empresa.

Por otro lado, las promesas focalizadas (aquellas hechas en cada uno de los lugares de trabajo por el trato espontáneo y diario con el cliente), «mañana tendrá usted *esto* hecho», por ejemplo, deben considerarse promesas y no *pequeños problemas* que no tienen repercusión en la Atención al Cliente. Si al cliente se le dijo que mañana estaría *eso* y no está, es una promesa no cumplida.

¿Tiene idea de cuántas promesas, globales o focales, implícitas o explícitas se dan en su empresa cada día?, ¿sabe cuántas de ellas se cumplen?, ¿o no?, ¿sabe por qué?

Imagine por un momento que una empresa cumple todas sus promesas. En el examen del cliente obtendría un 10; matrícula de honor. Pues bien, si una empresa cumple todas sus promesas, el *auditor*, el cliente, le puntuará con un 10 sin rechistar. Ello significa que hemos sido capaces de sobrepasar con una magnífica nota el primer tramo del Tubo.

Consecuentemente, si una empresa cumple todas sus promesas, sólo consigue satisfacer a sus clientes en un 32 %.

En cambio, si no consigue llegar al 10, es decir, no cumple todas sus promesas (pongamos que sólo la mitad), el peso de la nota baja proporcionalmente. En otras palabras, en este caso, debería restarse un 50 % al 34 % y el cumplimiento de las promesas quedará mermada con la penalización correspondiente y dicha negatividad irá a parar a la Insatisfacción. Es decir, se resta en Satisfacción para pasar a Insatisfacción.

Tenga cuidado con las promesas que se hacen en su empresa. Muchas de ellas son el mecanismo más utilizado para sacarse de encima a los clientes.

«Sí, sí mañana estará», le dice el personal de la empresa a un determinado cliente. Un compañero, testimonio de la conversación, le inquiere: «¿Por qué le has dicho que mañana lo tendríamos si es imposible?» El empleado que atendió al cliente contesta sin levantar la cabeza: «Es que si no le digo esto, no me deja en paz y ¡tengo mucho trabajo!»

Al final lo consiguen, y se sacan de encima a los clientes. Para siempre.

Figura 11. Vasos comunicantes entre Satisfacción e Insatisfacción

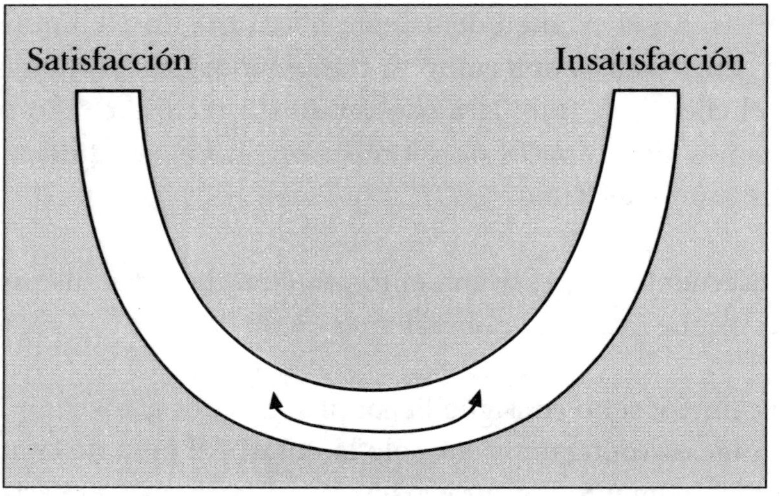

▶El Tubo de la Satisfacción no permite contentarse con una nota de aprobado en Satisfacción. Todo aquello que no se hace bien, se hace mal y no es posible argumentar la idea de hacer «bastante bien» la Atención al Cliente. La Satisfacción y la Insatisfacción son vasos comunicantes y todo lo que no se acumule en una de ellas va irremediablemente a la contraria. Es decir, todo lo que no es Satisfacción es Insatisfacción.

2ª clave: **Respetar el tiempo del cliente**

El gran recurso escaso de nuestros días es el tiempo y las empresas que quieran añadir valor en la Atención al Cliente, podrán hacerlo si son capaces de gestionar el tiempo de sus clientes.

Nada es tan fútil como el tiempo. Relativizado por la actividad en sí misma y por el cliente, la discusión por el control del tiempo se vuelve, cada día más, en un tema de máximo interés para las empresas que quieren tener clientes contentos de verdad.

El cliente valora de forma primordial el interés que la empresa demuestra por su tiempo. Las empresas no siempre pueden hacerlo todo de forma inmediata; pero sí que se puede apreciar su interés por hacerlo. No se trata de hacerlo todo inmediatamente sino tener el deseo de hacerlo instantáneamente.

Si conseguimos hacerlo todo en el tiempo indicado, si nuestra empresa tiene muy bien calculados los tiempos de espera, si todo ello respira respeto por el tiempo de los clientes, nuestro Inspector (nuestro cliente) nos calificará con un 10. Es la nota que asegura que estamos haciendo bien nuestro trabajo.

Como en el tramo anterior, si todo lo hacemos correctamente, esa nota del 10 nos valdrá una movilización de un 22 % de Satisfacción en el Tubo de la Satisfacción. Así, nuestro cliente-*maestro*, nuestro cliente-*inspector* acumulará un 54 % de Satisfacción.

Ahora bien, recordemos que cualquier fallo en la destreza del manejo del tiempo es castigado por el cliente y la nota baja irremediablemente. Es decir, todo lo acumulado en Satisfacción sobre «respecto por el tiempo» irá al contador de «pérdida de tiempo», tal y como se visualiza en la figura 11.

3ª clave: **Tener obsesión por los detalles**

Para las empresas, en este caso, la obsesión puede ser una buena virtud. La obsesión por los detalles es la actitud que nos mantiene atentos sobre todo aquello que se refiere al aspecto físico de personas e instalaciones: el frío, el calor, la limpieza, la suciedad, la comodidad, la incomodidad de las instalaciones y todo aquel aspecto físico sobre el Personal de Contacto.

Recordemos las palabras del directivo de SAS cuando dijo: «si hay una mancha en el asiento de nuestros aviones, los clientes tienen todo el derecho de pensar que nuestros motores no van bien».[2]

Muchas empresas se enzarzan en discusiones sobre si sus empleados deben llevar o no uniforme ¿es necesario?, ¿es obligatorio? El uniforme obedece a la necesidad de manejar los detalles en las personas. Pero su necesidad real la dará la necesidad de mejorar el aspecto físico y la *información pasiva* hacia el cliente. Nada más tiene sentido en este tipo de cuestiones. El cliente es el que tiene la última palabra. Si para él es importante, no hay que pensarlo dos veces.

El valor de los detalles es de un 1,1 % en el total de la diagnosis del Tubo de la Satisfacción. Es decir, si cumplimos con todas las expectativas en cuanto a limpieza, comodidad, temperatura en las instalaciones y limpieza física del personal de contacto, el cliente no dudará en calificarnos con un merecido 10. Todo ello nos dará derecho a decir que hemos conseguido darle a nuestro cliente un 65 % de Satisfacción.

---

2. Carlzon, Jan. *El momento de la verdad.* Madrid: Díaz de Santos, 1991.

Consecuentemente, conseguidos los tres *dieces* y acumular una Satisfacción del 65 %, los clientes acaban expresándola con un «oye, pues esto no está tan mal. Muy bien esta gente, ¿no?», refiriéndose a la empresa.

Recuerdo, ahora, las grandes dificultades que tenía una empresaria a la hora de poner en práctica el concepto de la obsesión por los detalles en su organización. Se trataba de una empresa de limpieza de oficinas y fábricas; su directora general detectó que sus trabajadores y trabajadoras no se duchaban para ir a su labor cotidiana: «cuando termine de *limpiar*, ya me ducharé», decían. Hubo grandes dificultades para hacerles entender que debían hacerlo antes de ir al trabajo. En muchas ocasiones la obsesión por los detalles es considerada por Personal de Contacto y empresarios sólo como una obsesión y nada más. En definitiva, otra obsesión, pero negativa para el cliente.

4ª clave: **Ser siempre cortés**

En este nuevo tramo del Tubo de la Satisfacción cuatro son los conceptos que analiza paralelamente el cliente: ser siempre cortés, dar seguridad al cliente, respetar la confidencialidad y mantener el rol profesional. Todos ellos configuran una única área de diagnosis para el cliente y movilizan un 19 % de Satisfacción.

La primera actitud que analiza el cliente en este tramo es la cortesía. Cualquier persona definiría fácilmente la cortesía, sin embargo, no es nada fácil mantenerla frente al cliente durante todo un día de trabajo.

En *Organización atenta* se planteaban –como resultado de una investigación empírica– los malos hábitos del Personal de Contacto que generaban distorsiones en la Atención al Cliente. Les pusimos el nombre *Enfermedades del Personal de Contacto* y se explicaba cómo la Cortesía puede verse mermada a causa de varias de dichas enfermedades; *El Síndrome Horario, Tirar la toalla* o *Caperucita Roja* son algunas de ellas. En la nueva edición de *Organización Atenta* se han incluido tres nuevas *enfermedades* que, curiosamente, también atacan a la cortesía y *separan* a las empresas de sus clientes.

Me viene a la memoria la aseveración de una persona que trabajaba en un departamento de Atención al Cliente sobre el concepto de cortesía, decía: «Ah, yo soy extremadamente cortés: cuando me dicen buenos días, yo contesto y, si me piden las cosas por favor, yo las hago, no faltaría más... además, si veo que son educados, incluso hago cosas que no tendría por qué hacerlas». Un buen ejemplo de lo que no es cortesía.

Imagínese que está disfrutando de su primer día como socio en el mejor polideportivo de la ciudad. Se ha apuntado a clases de natación para sacarse de encima el estrés que supone estar todo el día al servicio de sus clientes. Está nadando tranquilamente por un carril de la piscina. De pronto, una voz dulce y templada le reclama su atención: «buenas tardes, Sr./a (le saluda por su nombre de pila), ya sé que es el primer día que está con nosotros... por cierto, muchas gracias por hacerse socio de nuestro polideportivo... pero si no le importa, podría nadar por el resto de la piscina... este carril lo tenemos reservado para personas que tienen dificultades para nadar. Perdone la molestia. Si necesita alguna cosa, no dude en llamarme. Mi nombre es... soy el monitor/a de la piscina. Buenas tardes». Exquisita cortesía.

Pero también hubiera podido pasar otros hechos en este mismo caso. Imagíneselo. Mientras está nadando, un estruendoso pitido de un silbato a la altura de la oreja que le queda fuera del agua, le rompe el ritmo de las brazadas. Antes de que pueda saber qué pasa, unos gritos invaden el recinto: «otra vez un novato de los... que no ve el letrero... ni nadar ni leer sabemos... ¡salga del carril y nade por el resto de la piscina!» y el monitor/a se va renegando hacia el otro lado del polideportivo. Mientras usted recupera el aliento, se pregunta si ha hecho bien en apuntarse a él.

Muchas empresas tienen empleados como el primero de nuestro ejemplo del polideportivo. Desgraciadamente, muchas más tienen empleados como el segundo.

5ª clave: **Mantener siempre el rol profesional**

Muchas organizaciones –en realidad sus componentes– argumentan que «nosotros estamos aquí porque tenemos mucha vocación, sin ella no sería posible *aguantar* todo esto». Puede que la vocación sea necesaria para poder hacerle un favor a alguien. Puede que sin vocación no se pueda trabajar en una ONG y pasarse toda la vida en otros lugares del mundo trabajando para erradicar la miseria y la guerra (puede, incluso, que para todo ello sea necesario algo más que vocación).

Pero para trabajar en una empresa y tener clientes contentos de verdad, la vocación no es primordial. Quizá la vocación sea necesaria para estar allí cada mañana, pero la vocación es una trampa en manos de algunas personas que atienden a clientes.

En la Atención al Cliente hay que erradicar esta idea. Lo que hay que hacer en una empresa que realmente quiera añadir valor es empezar por «hacer lo que se tenga que hacer, de la manera que se tenga que hacer, siempre y a todo el mundo». La vocación tiende a establecer una relación de poder o de privilegios, «yo sé lo que debo hacer y tú no», «a ti sí, porque yo quiero o eres mi amigo».

La profesionalidad implica tener muy claro lo que se tiene que hacer y lo que no. En una empresa no se hacen favores. Se hace lo que se tiene que hacer y si no, no se hace. Atender a un cliente es todo lo contrario de hacerle un favor. Esta discusión trae como consecuencia plantearse los conceptos de servicio y servilismo. Una empresa que no tiene claro qué es lo que se tiene que hacer en cada momento, entra en la especulación del contacto y con él se implanta el servilismo en la empresa.

Otro de los factores importantes en el concepto de profesionalidad es consecuencia de lo comentado. Es muy importante que todos los empleados sepan lo que tienen que hacer, ya que de lo contrario cada cual lo hará a su manera.

Es por eso que las empresas deben exigir de sus empleados que *interpreten un papel* y no salgan de él por ninguna razón. Cada uno de nosotros interpreta un papel en la sociedad y los empleados deben tener muy claro que, en realidad, ellos interpretan un papel concreto en su empresa y que deben estar preparados para interpretarlo perfectamente durante un largo día de trabajo y hacerlo tantas veces como sea necesario.

No se trata de repetir las palabras establecidas como si fuese una grabación repetitiva y cibernética; se trata de algo más difícil de hacer: hay que hacerlo *con sentido de la verdad*, como diría una actor profesional. Cada vez como si fuera la primera, en cada momento, sin importarle qué hora es, ni cuántas veces lo ha hecho o lo ha dicho; con las palabras acordadas, con la entonación exacta, con sentido de la verdad, pero, sobre todo, con una idea clara: los clientes analizan nuestro comportamiento y está prohibido *salirse* de él.

No es nada agradable ir a una empresa y, mientras es atendido por el Personal de Contacto, escuchar sus conversaciones privadas en voz alta: «pues si hubieras visto la cara del cliente de ayer cuando le dije que ni hablar... porque a mí nadie se me sube a las barbas; por cierto, hablando de barbas, viste la película en TL5, qué manera de cargarse a...».

Los clientes quieren ser atendidos con los cinco sentidos y sólo la Profesionalidad puede darnos la seguridad que los vamos a utilizar.

6ª clave: **Dar seguridad al cliente**

El cliente busca, como es lógico, su máxima seguridad en todo aquello que hace. Así pues, establecerá un criterio de seguridad física con la instalación en donde se prestan los servicios y los relacionará con el área de «obsesión por los detalles».

Pero también buscará la seguridad psicológica en el contacto. Es decir, comprobará que la cortesía y la profesionalidad se dan en todos los lugares de la empresa y por todos los componentes del Personal de Contacto. En otras palabras, el cliente analiza la capacidad que la empresa ha tenido para organizarse para que nada sea casual en ella. El cliente examinará que todos los empleados entienden lo que tienen que hacer en cada momento y que lo ejecuten sin dudas y sin ofrecer soluciones banales.

El cliente desea ver en los empleados la mayor credibilidad, confianza y reputación. Hemos visto como muchas empresas tienen empleados que son capaces de mantener este tipo de seguridad en el contacto: son los empleados que, espontáneamente, tienen capacidad para mantener una postura profesional. Pero también puede comprobarse como muchos otros empleados no pueden asegurar mantener esta clase de seguridad a la que nos referimos. Es por esta razón que las empresas deben garantizar que todos sus empleados –tanto aquellos que lo hacen espontáneamente, como los que no– efectuarán su trabajo con la seguridad de «hacer lo que se tenga que hacer, siempre y en cada momento». Y si los empleados lo hacen con tal espontaneidad que parezca que se lo han *inventado*, mucho mejor todavía.

7ª clave: **Respetar la confidencialidad**

Esta es una de las actitudes que no contemplaba la investigación inicial y que hoy se ha convertido en uno de los parámetros más demandados en la Atención al Cliente.

La confidencialidad siempre ha sido una petición muy apreciada por los clientes; sin embargo, con la gran circulación de la información de hoy en día, el cliente quiere tener la absoluta seguridad sobre la confidencialidad.

Las bases de datos, así como la información volcada en ellas, se convierten en un manjar apetitoso para las empresas. El cliente debe tener el convencimiento que con sus datos no va a comerciarse y que se mantendrá una postura ética frente a este requerimiento.

Por otro lado, el cliente se asegurará que cuando esté haciendo un contacto con la empresa, todo lo que allí suceda quedará en la intimidad del momento y especialmente resguardado de comentarios cuando se vaya.

En caso de que todo funcione bien en estos últimos tramos del Tubo de la Satisfacción la puntuación, ya la hemos dicho, será de un 19 %. Con ello, hemos acumulado ya un 86 % en el total de la auditoría que hace el cliente.

8ª clave: **Ser extremadamente accesibles**

En este punto de la *inspección* –en caso de haber conseguido la máxima nota en todos los otros tramos–, hemos acumulado un total de un 86 % de Satisfacción. De esta forma nos queda, obviamente, un 14 % para el 100 % de Satisfacción buscado. Tres nuevos *exámenes* valen ese porcentaje, si en cada uno de ellos conseguimos acumular cero fallos. Veamos qué significa ser extremadamente accesibles.

El acceso es una de las cuestiones menos asimiladas por las empresas. En un mundo donde la tecnología nos facilita las cosas, las empresas no comprenden, realmente, qué significa tener un acceso correcto con sus clientes.

El acceso perfecto se ve en un teléfono: «ring, ring... buenos días, Ediciones Gestión 2000, habla con Anna, dígame». Pero también se ve cuando: «ring, ring, ring y ring (y aquí nadie lo coge) ring y ring» y cuando al fin alguien lo coge, «muuuuuuu»... «¡Vaya, ya he llamado a la *granja san francisco*!», exclama el comunicante para sí.

El acceso también se ve en las personas. Muchas organizaciones tienen empleados que, cuando el cliente cruza el umbral de la puerta, le mira, busca su mirada y le pone unas *alas* en los pies y lo lleva hasta donde él está. Sin embargo, hay otro tipo de empleados que, percibiendo la mirada desesperada de un cliente, rehúyen su contacto efectuando un giro de 180° a su cabeza.

Hay otras ocasiones en que los clientes se encuentran de frente con la Historia (en mayúsculas): «Oiga, por favor, podría indicarme dónde queda...» Aquel empleado, sin mover un ápice su cara, levanta el brazo y con el dedo índice erguido señala un lugar, farfullando algo parecido a «allí». Aquello debe ser *América* y él *Colón*.

9ª clave: **Comunicar comprensiblemente**

La Comunicación no es Publicidad mientras que Publicidad sí es Comunicación. Esta especie de trabalenguas es consecuencia de la errónea idea que tienen las empresas de que, con hacer Publicidad, es suficiente.

Pequeñas y medianas empresas envidian los presupuestos millonarios de las grandes corporaciones. Piensan que con ese presupuesto tendrían suficiente para llevar a sus empresas al mayor éxito soñado. Muchas de estas empresas no saben que son, así, mucho más felices. Que si tuvieran ese presupuesto podrían morir de éxito o simplemente perderlo. Además, piensan sólo en la pretensión de *enamorar* a todo su mercado para poder así ser los primeros pero no necesariamente los mejores.

La Publicidad es una de las armas más poderosas de la gestión de empresas: es nitroglicerina. Por eso vaya con cuidado cómo la maneja. Mientras que la Publicidad es evitable (y su peligro también), la Comunicación es inevitable. Es decir, la Comunicación no es todo, pero está en todo.

Por eso, las empresas han de poner el empeño en que cualquier cosa que hacen es Comunicación (si lo desea, podemos llamarle Publicidad) y que, además, no tiene ningún presupuesto agregado al que se establece por la propia acción de la vida cotidiana de la empresa. Es decir, un cartel en la puerta, una información en el interior, sus mesas, sus papeles y sobre todo, su personal es Comunicación.

Sin embargo, el concepto de Comunicación en el Tubo de la Satisfacción va mucho más allá. Para entender qué significa, debemos recordar la siguiente premisa: «busca cualquier excusa para entrar en contacto con el cliente». Este planteamiento grabado como un tatuaje en el interior de cada componente de la empresa, debe desplazar al ya conocido «no hay noticias, buenas noticias». En este aspecto hay que recordar las acciones que tomó un pequeño hotel de la costa valenciana en una temporada problemática.

En una pequeña localidad se estaban haciendo obras en el sistema eléctrico de la zona. Durante varios días de una semana de temporada alta, la compañía cerraría la luz durante dos horas después de cenar; el hotel se quedaría, irremediablemente, a oscuras.

El hotel encontró rápidamente una solución al problema. Lo primero que hizo fue comunicárselo a todos los clientes: les envió una carta que anunciaba con todo detalle qué sucedería durante los próximos días después de cenar y, junto con ella, les obsequió una linterna. Inmediatamente después, actuando con rapidez y certeza, organizó cada noche un concierto de un pianista a la luz de las velas. La idea tuvo tanto éxito que, aun cuando la compañía eléctrica ya había solucionado el problema, el hotel tuvo que continuar con los *conciertos románticos a la luz de las velas*.

A los clientes no hay que tenerles miedo y a los problemas tampoco. Ni uno ni otros son la gran dificultad. Sólo nosotros lo somos cuando no queremos utilizar el cerebro (el *Alien* que llevamos dentro es un gandul de profesión y si no lo incitamos a mover el *trasero*, no lo hará en ningún caso ni por ninguna razón).

La Comunicación tiene también otro campo de discusión. Hasta ahora, vivíamos un tiempo en que la vida se ha descubierto a sí misma y que, con ella, lo ha hecho también el lenguaje. Nada parece importante si no tiene un lenguaje complicado: contra más raro sea el nombre más importante debe ser lo nombrado. Así, médicos, ingenieros, maestros, abogados y consultores (no digamos los de marketing) han generado un lenguaje propio para poder distanciarse de los demás. Sus lenguajes complicados les hacían imprescindibles para los clientes y les daban categoría social.

Las empresas han caído también en este error. Tratan a los clientes como ignorantes cuando se anclan en su jerga técnica y pretenden que el cliente la aprenda, castigándolo con la ignorancia si no lo comprende. Todo ha de ser complicado: las piezas han de tener un código, las enfermedades un nombre impensable, los actos judiciales frases en latín. De esta forma todo parece mejor.

En este tramo del Tubo, el cliente valorará dos cosas: la capacidad de la empresa para facilitar el contacto (hay empresas que tienen incluso la información pasiva –señalizaciones, por ejemplo– sin cuidar) y por otra, el interés por facilitar la comprensión en la información utilizada.

Nada es tan fácil como la Comunicación. Nada es tan fácil, de hacerlo mal.

10ª clave: **Reaccionar frente al error**

Este es uno de los factores más difíciles de poner en práctica por las empresas, puesto que consideran su planteamiento poco rentable.

En esta área el cliente analiza qué tipo de actitud toma la empresa cuando falla. Las empresas no están exentas de cometer errores, según Milan Kundera este es el mundo del error y nacemos pegados a él.[3]

Pero, ¿cómo reaccionan las empresas frente al error? Esa es una pregunta que las empresas se han de contestar de una manera concreta. Hay empresas que manejan este tema creando un Manual de Quejas, pero ni tan solo así, no han sido capaces de encontrar el verdadero significado a este planteamiento.

El cliente descontento puede convertirse en el mejor de nuestros directores comerciales si damos respuesta inmediata a nuestros errores.

---

3. Kundera lo explica así en su libro *La insoportable levedad del ser*: «el ser humano sería infinitamente feliz si no tuviera que hacer una cosa, una sola cosa: tomar decisiones». Milan Kundera, Barcelona. Tusquets Editores. 1985.

Lo mismo sucede en la vida real. Imagínese a usted protagonista del siguiente caso. Acaba de subir a un autobús con dirección hacia su médico de cabecera. Hace días que le duele el pie derecho y hoy se ha dado cuenta que tiene la uña maltrecha y el dedo gordo en carne viva. Le duele cuando anda y hace varios días que ennegreció. El autobús va lleno. Usted procura no estar cerca de nadie y protege su pie. Pero el autobús se llena y la gente empieza a aglomerarse a su lado. De pronto, el autobús da un frenazo y un hombre de un metro noventa y ocho centímetros de altura que calza una botas del cuarenta y nueve, se abalanza sobre su pie propinándole un contundente pisotón, precisamente en su uña dañada, viéndose todo ello agravado, además, por un movimiento violento del autobús que, curiosamente, en este instante pasa por encima de un pronunciado bache de la calzada.

El pisotón es inapelable. Usted cierra los ojos, se muerde el labio inferior y lanza un gemido desde la garganta. Inmediatamente, aquel hombre al darse cuenta mira alternativamente a su pie y a su cara y le repite una y otra vez: «perdone, lo siento... perdone lo siento... lo siento, perdone...».

Es posible que su uña necesite definitivamente la intervención del médico al que va, pero el comportamiento de su compañero de viaje le aliviará, al menos, lo suficiente para llegar a su destino.

Pero imagínese protagonista de la misma historia con otro orden de sucesos. Usted está de nuevo en un autobús. Hace tiempo que la uña la tiene curada. Usted procura no exponerla a avatares peligrosos y se siente feliz de poder andar ya normalmente. Ese día viene del médico por última vez. Le han dado el alta médica: su uña está sana. De pronto, un personaje que comparte viaje con usted le da un pequeño pisotón, precisamente en aquel mismo pie, en aquella misma uña. Usted se asusta, levanta el pie inmediatamente y con las cejas arqueadas hace el mismo sonido que cuando un balón pasa rozando el poste de una portería de fútbol: «yyyyyyhhhhh». En realidad, no le ha tocado; sin embargo, su compañero de autobús le mira de reojo sin inmutarse y, dirigiendo sus palabras a su pie con desgana y chulería a la vez, le dice: «... qué, poniendo el pie debajo... exagerao». Duele ¿no?

El comportamiento de las empresas cuando se equivocan es uno de los campos de mayor valor y una de las mejores maneras de interpretar la Atención al Cliente.

Una empresa –una franquicia concretamente– no dejaba que sus clientes pudieran cambiar las prendas que compraban en tiendas de lugares geográficamente distintos, argumentando que era el cliente quien debía desplazarse de nuevo al lugar de la compra y que, en todo caso, «era problema del cliente». Todo ello provocaba un terrible enredo para el cliente y la central de la empresa no era consciente del efecto demoledor que tenía esta actitud en su marca. Cuando se indagaron las causas, se descubrió que la razón era «exclusivamente, contable».

En estas ocasiones, las empresas tienen la posibilidad de dar sentido a su Atención al Cliente y de dar realmente un servicio más allá de su producto; sin embargo, hacen precisamente lo contrario. Todo es una cuestión de comprensión. De comprenderlo, diría yo.

Si la empresa es capaz de desarrollar una Atención al Cliente que consiga ser extremadamente accesible, comunicar comprensiblemente y reaccionar frente al error, el cliente terminará su inspección y nos dará una nota del 16 %. Con ello llegaremos a conseguir el 100 % de Satisfacción tan necesario para tener clientes contentos de verdad.

Figura 12. Pesos de Tubo de la Satisfacción

Tramo	Movilizaciones de la satisfacción	Peso	Satis.	Acum.
1	Cumplir todas las promesas	3,4	34 %	34 %
2	Respetar el tiempo del cliente	2,2	22 %	56 %
3	Obsesión de los detalles	1,1	11 %	67 %
4	Ser siempre cortés Mantener el rol profesional Dar seguridad al cliente Respetar la confidencialidad[4]	1,9	19 %	86 %
5	Ser extremadamente accesibles Comunicar comprensiblemente Reaccionar frente al error	1,4	14 %	100 %

▶A cada apartado del Tubo le corresponde un peso específico. La consecución de todos ellos supone un 100 % de satisfacción para el cliente.

4. El apartado «Respetar la confidencialidad» no está contemplado en las investigaciones iniciales de Valerie, A.; Zeithmal, A.; Parauraman y Leonerd L. Berry. *Calidad total en la gestión de servicios*. Madrid: Díaz de Santos, 1993. Se ha incluido en el cuarto tramo por iniciativa del autor y no se han alterado los pesos de ninguno de ellos.

8

Gestionar desde la autocompetencia

La perfección no existe. Po eso, es muy difícil que las empresas puedan conseguir tener clientes el 100 % satisfechos. Pero, realmente, ¿qué impide esta premisa?

A lo largo de su historia, las empresas han crecido junto con tres grandes actitudes. La primera de ellas ha sido la Autocomplacencia: las empresas han mirado hacia su interior y han instituido burocracia, departamentos, organigramas y mandos intermedios, todo para organizarse mejor; han creado sus sistemas de producción y han venerado la tecnología. Han inventado sus propios sistemas y han esperado que alguien (los clientes) viniera a pedirles un favor y, ellas, se lo han concedido vendiéndoles a los clientes lo que ellas querían, cuando querían y de la forma que querían.

Figura 13. Fases evolutivas de las empresas en la Atención al Cliente

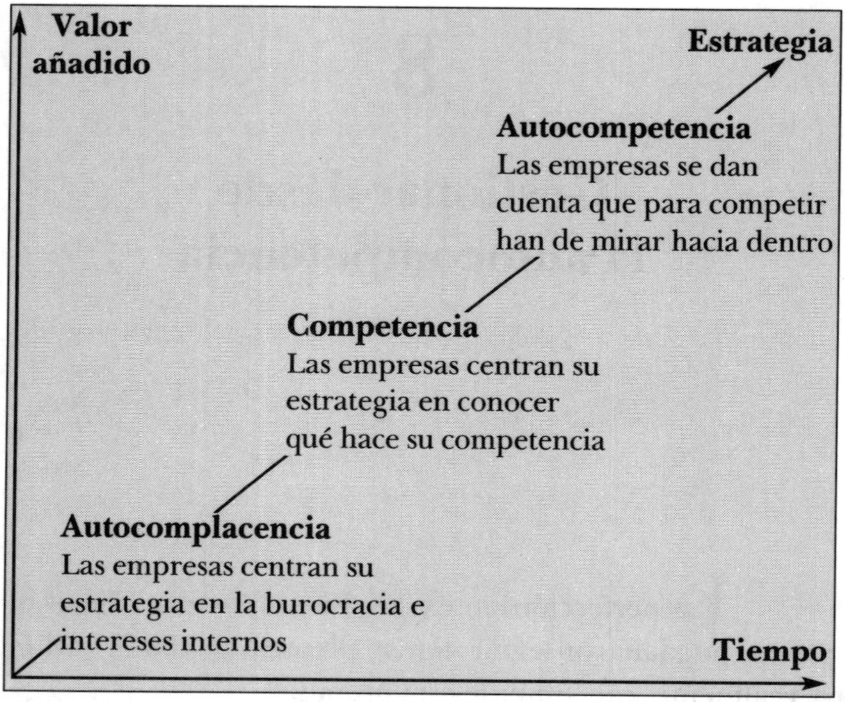

▶La búsqueda del valor añadido ha confundido a las empresas. En la primera fase, la de la Autocomplacencia, las empresas han creído que el éxito era una *póliza de seguro*. Más tarde, cuando el mercado se mueve, las empresas emprenden una carrera histérica contra la competencia. Finalmente, las empresas se han dado cuenta que el valor añadido proviene de dentro y que en su interior se encuentra la solución.

Más tarde, las empresas han ido perdiendo su primacía y han visto nacer a la competencia. El gran enemigo a batir: luchar contra la competencia, espiarla y copiarla; todo es culpa de la competencia, y el cliente, «¿qué es el cliente?... ¡con el trabajo que tengo para investigar a la competencia, no me vengas con tonterías!». Ha sido la Fase de la Competencia (ver figura 13).

Algunas empresas se han dado cuenta que a la competencia hay que observarla, pero nada más. En realidad, la verdadera clave de los mercados está en tener *monitorizado* al cliente. Ellos sí que cambian; ellos sí que tienen la llave de nuestros éxitos. Ellos son quienes, definitivamente, pueden darnos la solución a nuestros problemas.

Sin embargo, este planteamiento implica entrar en una nueva fase y en este punto las empresas saben que el peligro de su fracaso no está fuera sino que está dentro. Los clientes no son los peligrosos, si no todo aquello que va en contra de los clientes y que se hace dentro de la empresa.

No quiero decir con ello que los empleados sean los malos de la película. Hay que dejar bien claro que las empresas no existen, existen las personas que trabajan en ellas. Repetiré una frase del libro *Más allá de la comunicación interna*:[1] «todos los jefes tienen a los empleados que se merecen, pero no todos los empleados tienen los jefes que se merecen». Por eso, cuando una empresa «va bien es gracias a sus empleados y cuando va mal es consecuencia de la gestión de sus directivos».

---

1. Elías, J.; Mascaray, J. *Más allá de la comunicación interna. Diez estrategias para conquistar el comportamiento espontáneo de los empleados.* Barcelona: Gestión 2000, 1999.

La Fórmula de la Utilidad

En servicios la calidad *no existe* porque no puede tocarse. Porque no puede medirse en un laboratorio y porque es, sencillamente, una elaboración de la mente del cliente. En cualquier caso, la Fórmula de la Utilidad, tan bien explicada por el profesor Huete, del IESE, es magnífica para hacer una reflexión sobre cuáles son los campos de actuación con objeto de añadir valor.

Es cierto que muchas veces no es posible tocar el núcleo de servicio y que, además, todos los productos de la empresa y su competencia son iguales. Por eso, habrá que buscar campos donde el valor tenga un papel importante y real para el cliente.

En el caso de que sea difícil establecer criterios de valor en el núcleo del servicio, cabe la posibilidad de recurrir a la mejora de varios *items* en la Función de Utilidad de dicho servicio. Uno de los campos más interesantes es el binomio constituido por las soluciones de proceso y los costes de adquisición.

Las soluciones de proceso son todo aquello que la empresa ha pensado que el cliente debe hacer para adquirir el servicio. Es decir, los pasos que la empresa pide al cliente que haga para poder relacionarse con ella.

En la medida que el binomio *soluciones de proceso-costes de adquisición* es inversamente proporcional, los *costes de adquisición* es todo aquello que tiene que hacer un cliente, y en definitiva hace, para adquirir el servicio. Es decir: es lo que pone el cliente más allá del precio establecido.

Hay dos grandes tipos de *costes de adquisición*. Uno físico, basado especialmente en el tiempo, y otro, de tipo psíquico, basado en la confianza. El primero de ellos (el físico) es el tiempo. Las mutuas de servicios sanitarios han basado su éxito en esta premisa. Sabiendo que con el núcleo de servicio de la Seguridad Social es difícil de competir, han establecido su estrategia en el campo de los tiempos de espera (entre otros *items* de servicio).

Se sabe que si alguien tiene la necesidad de ser operado de la próstata (por ejemplo), la Seguridad Social lo hará con el mejor material y cuadro médico pero, ¿qué se tiene que hacer para operarse?, le dirán: «Vaya al Hospital Norte y allí le darán un volante rosa, luego se acerca al Hospital Sur, y allí le sellarán el volante rosa y le darán uno azul. Luego diríjase al Hospital Oeste y allí le darán un nuevo volante, esta vez, blanco; que le sellen los tres y luego vuelva aquí, al Hospital Este, que le sellaremos el volante rosa, el azul, el blanco y... la próstata y luego veremos cuándo le operamos, ¿lo ha entendido?»

Teniendo un núcleo de primer orden, los *costes de adquisición* son tan altos para el cliente que la Utilidad del servicio de la Seguridad Social es, inevitablemente, negativa. Las empresas tienen grandes campos de actuación en la Fórmula de la Utilidad. Si son capaces de encontrar valor en el nombrado binomio, no tendrán que estar pendientes de bajar el precio.

La lucha por el precio está perdida y cuando el cliente nos dice, «es que sois muy caros» seguramente es que «el problema está en otro sitio».

Las bases de datos F

Algún día, las empresas se preguntan: «Bien. Perfecto, nos gusta esto de la Satisfacción, ¿qué tenemos que hacer?» ¿Cuál es la solución aquí? ¿Cuál es la respuesta?

Pues muy sencillo. En lugar de hacer, lo que se tiene que hacer, es dejar de hacer. Es decir, gestionar desde la Autocompetencia.

Efectivamente, la *fórmula mágica* consiste en *dejar de hacer* aquello que hacemos mal. Aquello que le afecta al cliente en sus expectativas y que puede considerarse distorsiones en el servicio. Para ello, sólo tendremos que localizar información al respecto y crear una *base de datos F*. Es decir, una base de datos que contenga las frustraciones que se originan en el cliente cuando le ofrecemos el servicio y la Atención al Cliente.

¿Y cómo se puede obtener una *base de datos F*?

Pues, más sencillo todavía: preguntando a los clientes.

El Podium de las Frustraciones

¿Es difícil preguntar a los clientes? En absoluto. Lo difícil es preguntar a los clientes haciéndolo de la forma correcta y en el momento adecuado. Deberemos tener en cuenta que el cliente no sabe identificar qué es lo que tenemos que hacer. Sin embargo, sí sabe responder a la pregunta ¿qué es lo que no le gusta de nosotros?

Le propongo un juego. Piense en lo que le planteo a continuación. Imagínese que quiere mejorar las relaciones con su pareja. Imagínese que para hacerlo, prepara esta pregunta: «Cariño, ¿qué podría hacer yo para que fuésemos más felices?»

No encontraría una respuesta adecuada al problema. El cliente no puede responder sobre lo que tiene que hacer la empresa. «¡¡Eso lo tiene que saber la empresa!!» piensa el cliente.

Pero le propongo que haga otra pregunta. Pregunte a su pareja lo siguiente: «Dime, cariño, ¿qué es todo lo que no te gusta de mí?» Después de superados los primeros segundos de incertidumbre, tenga la seguridad de que ese enunciado, sí tendría respuesta. Porque, eso sí que lo sabe el cliente.

Puesto en la realidad, este juego de preguntas «valientes» es muy doloroso, y nadie quiere pasar por el dolor de saber qué es lo que hace mal. Este planteamiento es ineludible para las empresas puesto que es el único camino para saber realmente qué piensa el cliente de su actividad.

Hay tres niveles en la búsqueda de las frustraciones del cliente. El que ocupa el primer puesto en el Podium de las Frustraciones son las Quejas. Entendemos por Queja aquella frustración en la que el cliente expresa su disgusto de forma contundente, protestando de aquello que el cliente considera intolerable. El segundo lugar lo ocupan las Renuncias, de las que hablaremos seguidamente. En el tercer lugar, están las Concesiones. Entendemos como Concesiones aquello que el cliente hace como resultado de la inevitable adquisición del servicio. El cliente lo admite porque, en el fondo, es una distorsión sin fricción.

En definitiva lo que tiene que hacer la empresa es muy sencillo: descubrir qué hace mal y *dejarlo* de hacer inmediatamente. Así de fácil.

Figura 14. El Podium de las Frustraciones

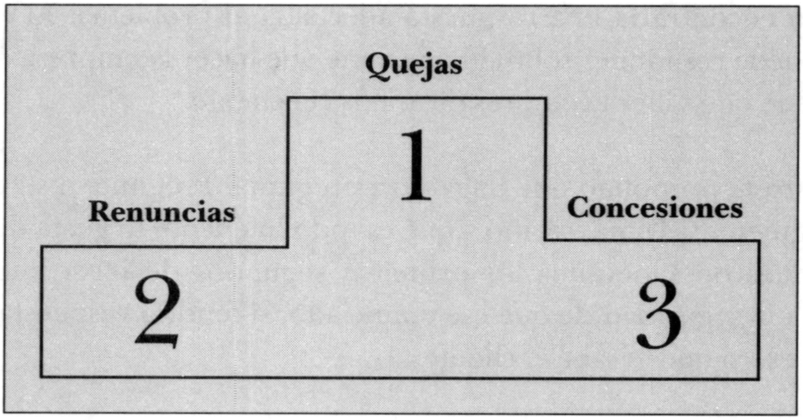

▶El Podium de las Frustraciones permite visualizar las categorías de distorsiones en el servicio que ofrece una empresa. Las Quejas son consideradas por las empresas como el mal más grave. Sin embargo, sólo son argumentadas por un cliente en un 20 % de las ocasiones, siendo las Renuncias quienes ocupan el 80 % restante. Lo difícil es saberlas, puesto que el cliente se las lleva consigo. Por eso hay que tener obsesión por obtenerlas.

Obsesión por las Renuncias

El punto débil de las empresas es la falta de información. Muchas organizaciones emplean, todavía hoy, el modelo de relación con los clientes basado en la siguiente premisa: «no hay noticias, buenas noticias».

En nuestro planteamiento estratégico nada es tan peligroso como la frase anterior. Todos sabemos que los clientes solo se quejan cuando la distorsión es muy obvia y afecta con claridad y contundencia al servicio que se les presta.

Además, en un país donde la asertividad todavía es de orden pasivo (existe asertividad, pero está basada en el castigo por la vía del silencio) y nadie hace un paso por explicar a las empresas sus experiencias, es irresponsable asegurar que, si los clientes no dicen nada, es porque están contentos.

Sigamos aquí con el juego utilizado anteriormente. ¿Cuántas veces ha dicho en casa aquello de «bueno, por este motivo no voy a montar un follón». Eso es una Renuncia. Es una distorsión que el cliente no dice, pero que guarda (no lo dude) en su expediente.

¿¡Cuántas veces hemos ido a un restaurante y enzarzados en una lucha a muerte con un bistec fibroso, a la pregunta del camarero «¿qué tal le va?» hemos contestado con un «oh, muy bien, gracias», con una acartonada sonrisa!?

El restaurante seguirá comprando la misma carne. Nosotros no volveremos. Y todo el mundo habrá perdido alguna cosa por el camino (¿la dentadura, quizás?).

9

Diagnosticar la Atención al Cliente

A lo largo de estas páginas, hemos insistido en la necesidad de poner todo el rumbo de la empresa en manos de indicativos. Más allá de saber si hemos vendido y cuánto –que siempre hay que saberlo–, es imprescindible conocer más datos de la actividad de la empresa.

Por ejemplo, ¿sabe cuántas llamadas telefónicas recibe su empresa?, ¿la razón?, ¿a qué hora?, ¿quién las atiende?, ¿qué dura de media una llamada? Y las visitas, ¿cuántas hay?, ¿por qué razón?, ¿sabe?, ¿sabe?, ¿sabe?...

En una empresa nada debe escapar a los indicativos. Todo tiene que acabar en un informe y de ello deben sacarse conclusiones. No se trata de controlar a nadie. No se trata de controlar a las personas sino a la actividad. Ese es uno de los conflictos más encarnizados para el futuro.

Nadie debe sentirse controlado cuando se ponen en práctica estos elementos de conexión con la vida cotidiana de la empresa. Ni tampoco nadie ha de hacer servir los indicadores para señalar con el dedo a personas. El trabajo en equipo ha de implantarse antes que la filosofía de los indicadores y si no se hace así, puede que todo acabe en una lucha por encontrar el *verdadero culpable*, cuando, en realidad, si los hay, lo somos todos a la vez.

Para poner en práctica un sistema que pueda dar algún resultado claro en la medición de la Satisfacción de los clientes, le proponemos una matriz de diagnosis basada en el Tubo de la Satisfacción.

Veamos los pasos a efectuar.

Tener una buena base de datos F

Una base de datos F tiene que tener registrados todos y cada uno de los comentarios explícitos o implícitos que se refieren a una distorsión en el servicio. Recuerde el Podium de las Frustraciones para coleccionarlos.

Las distorsiones deben estar planteadas en frases de *atribución directa* al cliente. Es decir, deben ser argumentadas con el sujeto y el verbo en el espacio y tiempo en que le suceden al cliente.

La lista de una *base de datos F*, podría parecerse a esta:

- «Hace dos horas que espero y nadie me ha mirado a la cara»
- «Cuando llamo por teléfono, le tengo que explicar lo mismo a cuatro personas diferentes antes que me den una solución»
- «Este pedido nada tiene que ver con el que yo hice»
- «Usted me dijo que estaría hoy, y ahora me dice que no»
- «Siempre comunica el teléfono»
- «Su personal es muy desagradable»
- «Aquí no hay ni una silla para sentarse»
- «Llevo dos horas perdido por sus instalaciones»
- «Nadie ha sido capaz de explicarme lo que sucede»
- «Hace muchos días que tengo este problema y nadie me da la solución»
- «Lo siento pero no entiendo nada de lo que dice»
- «Menos mal que usted me hace este favor, porque en otros sitios de su empresa nadie me hace caso»

Y así, una frase tras otra, ¿las conoce usted?

Imputar cada frustración al Tubo de la Satisfacción

Es decir, debe leerse cada frase una por una y preguntarse qué tipo de frustración es; ¿es una promesa no cumplida, de demoras del tiempo, de detalles no controlados, de cortesía, de comunicación? y así con todos y cada uno de los *items* planteados en el Tubo de la Satisfacción.

Cuando tenga dificultades para clasificarlas, debe preguntarse siempre qué consecuencias tiene para el cliente ¿es una promesa no cumplida?, ¿es una demora en su tiempo?, ¿es algo que afecta a nuestras instalaciones?, ¿a nuestro personal?

Unir las frustraciones del mismo tipo

Debe colocar todas las frustraciones de la misma categoría juntas; todas las de «promesas» unidas en una lista propia, las del «tiempo» juntas en una lista propia, y así con todos los tramos del Tubo y sus frustraciones correspondientes.

Ahora tendrá toda su base de datos F clasificada por frustraciones según los cinco tramos principales del Tubo de la Satisfacción.

Ponderar las frustraciones de cada tramo del Tubo de la Satisfacción

Es el paso más complejo. La experiencia en el proceso de diagnosis es clave en el éxito del sistema. En cualquier caso, el castigo-valoración debe establecerse desde el punto de vista del cliente y nunca de la empresa.

Debe preguntarse: ¿qué gravedad tiene que el cliente tenga esta frustración? o mejor aún: ¿cuánto fastidio le supone para el cliente? Debe hacerse sobre el valor 100 en cada fase del Tubo de la Satisfacción y nunca puede hacerse media aritmética entre las frustraciones del mismo tramo, ya que estamos hablando de negatividades. De esta forma, el de mayor peso es la que define la ponderación. A la hora de contestar la pregunta puede ayudarse del siguiente baremo: ¿Qué gravedad le da el cliente a que le suceda dicha frustración?

Altísima gravedad	Alta gravedad	Bastante gravedad	Poca gravedad	Ninguna gravedad
100 %	75 %	50 %	25 %	0 %

Efectuar la correlación a los pesos epecíficos

Es decir, si ha considerado que en «promesas» ha de castigar un 75 % por ejemplo, deberá imputar este porcentaje al peso específico 32 y calcular lo que significa en Satisfacción para poder efectuar el paso siguiente del diagnóstico.

Imputar la penalización en el apartado de Insatisfacción

Una vez tenga el diagnóstico del castigo hecho, el porcentaje adjudicado va a Insatisfacción ya que estamos haciéndolo sobre sus frustraciones.

Compruebe que la suma de todos los porcentajes de la Insatisfacción suma 100 %. Es la forma de conocer si hemos hecho el proceso de diagnóstico adecuadamente.

Analizar la incidencia de la Insatisfacción

En este paso, se trata de detectar en qué parte del Tubo de la Satisfacción (en consecuencia, de la empresa) están los problemas más graves.

Ordenar las frustraciones por orden de incidencia

Es decir, analice las tasas de Insatisfacción y póngalas por orden de negatividad. Una vez lo tenga identificado ordene las frustraciones de la lista inicial por orden de importancia negativa.

Aplicar el Triángulo de Persecución de Frustraciones

Ponga las frustraciones en orden según el criterio de (ver figura 16):

- Mayor percepción de valor para el cliente.
- Menor coste en la eliminación de la frustración.
- Menos dificultad en poner en marcha el cambio.

Perseguir las frustraciones

No deje que el tiempo pase y persiga cada frustración hasta conseguir erradicarla. Recuerde que cuando una frustración desaparece de la Insatisfacción, va inmediatamente a la Satisfacción.

Rediagnosticar

De esta forma se sabrá el estado de la organización con respecto al anterior diagnóstico.

Figura 15. Un ejemplo práctico de diagnosis mediante el Tubo de la Satisfación

n	Tramo del Tubo	Número quejas	% de las quejas	Importancia relativa	Tasa ajustada	% real de insatisfacción
1	Cumplir todas las promesas	8	40	0,32	13	59
2	Respetar el tiempo del cliente	3	15	0,22	3	15
3	Obsesión de los detalles	7	35	0,11	4	18
4	Ser siempre cortés	1	5	0,19	1	4
5	Mantener el rol profesional					
6	Dar seguridad al cliente					
7	Respetar la confidencialidad					
8	Ser extremadamente accesibles	1	5	0,16	1	4
9	Comunicar comprensiblemente					
10	Reaccionar frente al error					
	Totales	**20**	**100**	**1**	**22**	**100**

▶Una organización sanitaria analizó las quejas de sus pacientes-usuarios-clientes en un determinado período de tiempo obtenidas no sólo del estudio de reclamaciones, sino de una activa búsqueda mediante sistemas variados de encuestas anónimas. El resultado fue de 20 quejas-renuncias identificables, entre las que había 8 (40 %) imputables a promesas, 3 (15 %) a tiempo, 7 (35 %) a obsesión por los detalles, 1 (5 %) al cuarto tramo (4, 5, 6 y 7) y 1 (5 %) al quinto tramo (8, 9 y 10). Mientras que las decisiones iniciales de la Dirección habían sido invertir en material e instalaciones, la información obtenida en el diagnóstico indica claramente que sus inversiones se hubieran debido orientar prioritariamente hacia la mejora de la efectividad y el cumplimiento de las promesas.

Este es, en definitiva, un proceso de diagnóstico que ayuda a las empresas a conocer el resultado de sus operaciones de venta más allá de ellas mismas. Es también un recurso muy interesante para las organizaciones (como las empresas públicas) que no puedan establecer criterios de éxito por las ventas y que deben guiarse por dar siempre un buen servicio.

Observar la Insatisfacción

Todos estamos acostumbrados a hacer los diagnósticos a partir de un proceso de mejora. Estamos inmersos en un proceso mental con implicaciones hacia la búsqueda de lo mejor. De *pequeñitos* nos han enseñado que, de no saber nada al principio, iremos acumulando *saber* hasta llegar a dominarlo completamente.

Es cierto que en algunas cosas es así. Pero en temas empresariales hemos de empezar a trabajar con otro modelo mental. Precisamente con la referencia contraria. Es decir, lo importante es valorar lo que *no se sabe* y se hace mal en la empresa.

En la empresa es así. Nadie puede argumentar que es suficiente con avanzar hacia la búsqueda de la perfección. Aunque tengamos un alto grado de Satisfacción, lo que debe medirse siempre es la Insatisfacción. El Tubo de la Satisfacción no da ninguna importancia a la Satisfacción. Se la da a ¡la Insatisfacción!

La Satisfacción es una obligación

La Insatisfacción es lo realmente importante. Todo aquello que no hacemos bien es lo que debemos cambiar. Lo que hacemos bien, sigamos con ello.

En realidad, nos hemos engañado mutuamente todos; «no te preocupes» nos decían, «ya aprenderás», o como oí recientemente a un padre decirle a su hijo: «tú eres pequeño y no lo puedes saber todo, ya aprenderás».

Vamos a la universidad y nuestro objetivo es el *cinco*, pasar la asignatura y nada más. ¿Se imagina a alguien estar esperando en las puertas de un quirófano para ser operado y que otra persona se le acerque y le diga: «este cirujano ha sacado un cinco en todas las asignaturas de su carrera»: «¡¿Dónde estarán los otros *cincos*?!», se preguntará nuestro pobre enfermo.

No quiero hacer de esto una discusión bizantina. Sé que muchas profesiones lo son gracias a sus cincos en sus respectivas carreras, pero quiero sacar el ejemplo de contexto para reforzar la idea que en la empresa se debe sacar siempre un diez. Todo lo demás es error. Es un suspenso. Es septiembre. Es volver a probar. Hasta que sale. Siempre. Y bien.

El Triángulo de la Persecución de Frustraciones

Una vez que la empresa y todos sus componentes se han hecho cargo de lo que significa gestionar la Insatisfacción, ha de aplicarse el modelo del Triángulo de las Frustraciones.

Ahora que el proceso de diagnóstico del Tubo de la Satisfacción ya tiene todas las frustraciones calificadas e imputadas por su incidencia y orden de importancia, persiga una frustración tras otra manejando tres conceptos:

Menor coste. Es decir, elija la frustración que menos coste económico tenga para la empresa. Si ve que «esto se arreglaría si comprásemos una máquina que vale 100 millones», no es una solución válida. Busque otra de menor coste.

Figura 16. El Triángulo de Persecución de las Frustraciones

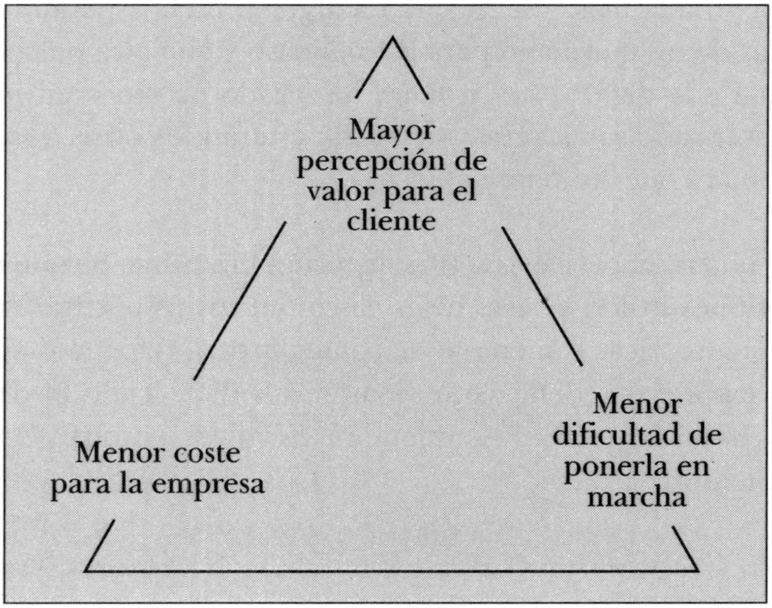

▶Para poner en marcha una verdadera persecución de Frustraciones, hay que encontrar el máximo equilibrio entre las tres premisas del triángulo. ¿Qué frustración cuesta menos de poner en marcha, cuesta poco y tiene un relevante valor para el cliente?

Menor dificultad. Hay soluciones a frustraciones que pueden acarrear grandes dificultades: en tiempo, en poder llevarla a cabo («la solución está en cambiar al director, pero...»).

Mayor percepción de valor para el cliente. Este es el tema central. Todo lo que se haga ha de incorporar valor para el cliente. En caso contrario, no se movilizará ninguna de las premisas que hemos ido construyendo a lo largo de estas líneas.

Puede que cuando acabe con una frustración, se encuentre con que aparece una nueva o que el cliente le premia con un «ya era hora». No se preocupe. Ni desfallezca. Para eso estamos.

Cambios en la idea sobre el trabajo

Gestionar una empresa desde la Autocompetencia y basarse en la persecución implacable de las frustraciones de los clientes, implica un cambio radical en la idea que se ha tenido del trabajo. Trabajo es una palabra procedente de un instrumento de tortura (*tripalium*), es obra de esclavos[1] y hemos de ahuyentar este concepto para poder tener clientes contentos de verdad. La empresa Nutrexpa ha implantado el Servicio de Atención al Cliente (SAC) y le ha dado un nuevo empuje a la participación de sus empleados en la gestión de sus clientes. Este es el cuadro (figura 17) de filosofía que ha pactado con sus colaboradores.

1. Panikkar, R. «Cartas al director». *La Vanguardia*. [Barcelona] (16 de enero del 2000).

Figura 17. El SAC implica cambios en la filosofía de trabajo

Antes	Ahora
– Lo principal eran las ventas	– Lo principal es la Satisfacción
– El trabajo como finalidad	– El trabajo como medio
– Amigos y compañeros	– Clientes internos
– Clientes de la empresa	– Clientes del empleado
– Sacarse faena de encima	– Tomar decisiones y participar
– Esperar a que digan, a que pase	– No dejar que surja el problema (no hace falta que lo digan para tener el problema)
– Trabajar con las «manos»	– Ahora es un desafío emocional
– El trabajo lo da el jefe	– El trabajo lo da el cliente
– Norma	– Negociación
– Vocación	– Profesionalización
– El trabajo tiene límite	– La Satisfacción no tiene límite
– Decálogo del jefe	– Decálogo del cliente
– Máquinas	– Personas

▶El SAC de Nutrexpa publica su filosofía de trabajo y lo comparte con sus empleados. De ello nace una mejor relación con el cliente y especialmente se mantiene un excelente clima de colaboración entre todos.

10

Retos para una Atención al Cliente del siglo XXI

Para poder llevar a cabo una Atención del Cliente con todas las características propuestas a lo largo de estas páginas, se necesitan nuevas estructuras empresariales en donde el trabajo en equipo sea validado como el nuevo patrimonio de su organización.

Las estructuras empresariales están caducas, reflejan una sociedad que ya no existe y sus parámetros de gestión se van muriendo. Los empleados ya no tienen el mismo papel y sobran tantos jefes. Los empleados deben ser sus propios jefes y los jefes deben dejar de serlo.

Las estructuras piramidales son para los museos de la gestión de empresas, así como los manuales de normas y tanta orden sin concierto.

La organización de hoy debe incluir en su estructura la necesidad de autodestruirse cuando sea necesario y recrearla de nuevo. No hay cargos, hay responsabilidades. No hay trabajo, hay resultados. No hay jefes, hay guías. No hay indios, hay *directores generales de flecha*.

El trabajo como finalidad ha muerto. El trabajo, en realidad, ha de ser un medio para conseguir objetivos. Objetivos directos en sí mismos, es decir, que afectan a alguien (clientes), y objetivos indirectos, es decir, que afectan al empleado (su recompensa). Las nuevas empresas deben ser, en definitiva, plataformas de gestión del trabajo en equipo.

Empresas explicativas o demostrativas

Así las cosas, las empresas heredadas de la Revolución Industrial son mucho más explicativas que demostrativas. Es decir, han puesto énfasis en documentar a sus empleados en cómo debe hacerse el trabajo, más que en demostrar la razón y el porqué de todo ello.

Este planteamiento tiene su nacimiento en la estructura piramidal de la sociedad. Las personas educadas en la jerarquía, establecen unos determinados criterios de poder en la empresa (la experiencia, los años de antigüedad, el cargo) y desarrollan sus relaciones basadas en la idea de «ahora te toca a ti hacerlo así», mientras que «a mí no», porque «yo ya lo hice antes», o «yo, soy quien soy», o la tan oída frase «no vayamos a cambiar los papeles».

En las familias sucede, muchas veces, lo mismo. Esto o aquello se hace o no se hace porque «yo soy tu padre-madre». Dejamos una sociedad muy explicativa que ha querido establecer sus relaciones bajo la premisa de «yo te digo lo que tienes que hacer», pero «yo no lo hago, porque yo soy quien soy, obedece, que ya te tocará a ti algún día poder hacer lo mismo».

Las empresas (sus dirigentes) deberán ser mucho más demostrativas que explicativas. Quizás no habrá tiempo para explicarse demasiado y la mejor forma de hacerlo será, en definitiva, hacerlo.

Figura 18. Dimensiones del rol del empleado en la Atención al Cliente

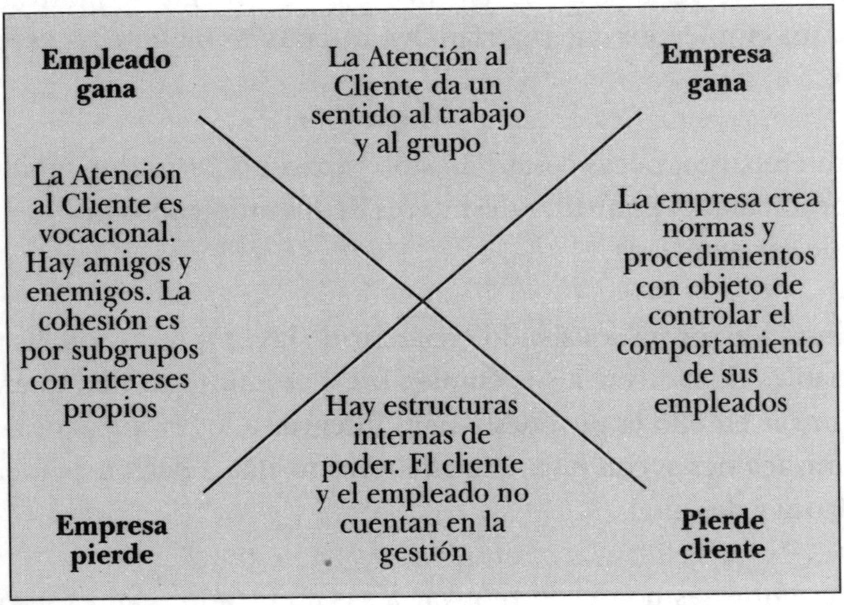

▶La Atención al Cliente da un nuevo sentido a la cohesión interna de la empresa. Crea una cultura en la que los empleados son el eje de la gestión y el cliente su finalidad. Las estructuras de poder interno desaparecen y dejan paso a una realización del trabajo con un sentido mucho más concreto y definido.

La hora de los empleados

Es la hora de que los llamados hasta ahora trabajadores o empleados sean reconocidos como Personal de Contacto en mayúsculas. Sencillamente, porque ha llegado su hora. La hora de un nuevo reto. Llega el momento en que los empleados sean el centro de atención de las empresas. De todas. Sólo ellos pueden ser capaces de conseguir el éxito para sus empresas. Sólo ellos son los capaces de añadir valor a la empresa.

Mucho se ha escrito también sobre motivación. Las empresas han desarrollado en las tres últimas décadas programas de motivación para sus empleados que podrían llenar todas las bibliotecas del planeta.

Sin embargo, pocas cosas han sido capaces de evitar un anunciado problema: el paulatino desinterés de los empleados por la marcha de sus empresas.

El gran error ha consistido en partir de las empresas son las responsables de motivar a sus empleados. Las empresas han querido encontrar en ello la propuesta para integrar a los empleados a sus organizaciones y con ello sólo han creado una relación perversa, equívoca y desigual.

Las empresas no deben motivar a sus empleados. No es su problema real. Las empresas de este milenio le pedirán a sus empleados «que vengan motivados de casa». La motivación no es un patrimonio de la empresa, es un estado emocional que debe venir de casa con el empleado y es éste quien se ha de hacer responsable de su motivación.

Cualquier otro concepto perjudica notablemente al propio empleado. Una persona madura no puede exigir a otra persona u organización que sea el centro de motivación. Ese concepto ha llevado a miles de chantajes emocionales (y no emocionales) en el mundo de la empresa que han perjudicado de lleno los objetivos de unos y otros.

El *nuevo* empleado es una persona motivada por sí misma, con inteligencia emocional y recursos internos propios.

La empresa y la motivación

La pregunta clave es entonces: ¿qué papel se le reserva a la empresa? La empresa no debe motivar a sus empleados, debe encauzar su motivación hacia unos objetivos claros y mantener el mejor estado emocional del empleado, haciéndolo partícipe de la evolución de la organización y de su participación en ella.

En realidad, a la empresa le queda un papel mucho más claro y evidente, menos equívoco y manipulador, de mayor responsabilidad, y mucho más respetuoso. En definitiva, la empresa debe no desmotivar al empleado motivado.

El mundo laboral va a pedir a los *nuevos* empleados que vengan motivados de casa. Y, en la medida que el mundo laboral será más inestable, más motivación de casa se le pedirá a los empleados. En contrapartida, mayor responsabilidad tendrá la empresa en este asunto y como consecuencia, será necesario pedir *nuevas* empresas y *nuevos* jefes; mandos que destierren ideas obsoletas como «aquí mando yo» (ilusos, en realidad manda el mercado) o «aquí se hace lo que yo digo, porque tengo 30 años de experiencia». Sin embargo, son los líderes de las empresas quienes deberán desplazar el sistema de dirección *explicativo* por un nuevo sistema mucho más *demostrativo*. Se ha terminado el planteamiento anterior de «tú haz esto», pero «yo no, que para eso soy el jefe y tanto sacrificio me ha costado llegar aquí».

Son ellas, las empresas, las que tienen que dar el primer paso. Los empleados deben preocuparse de sí mismos y de aparecer cada mañana «motivados de casa» para pedirle a la empresa que «no hace falta que me motives, ya lo traigo de casa», ahora sólo cabe esperar que «tú, empresa, no me desmotives».

Empresas y empleados tendrán que dejar de *trabajar* y ponerse manos a la obra.

Valores y conocimiento

La Dirección por Valores está ocupando la mayoría de las discusiones de expertos de Recursos Humanos, precisamente cuando más se habla de la pérdida de valores.

Sin embargo, lo más interesante de remarcar es que esta es una extraordinaria aportación para definir lo que siempre ha pasado. En realidad, el éxito o el fracaso de las empresas en todo su quehacer diario, ha tenido mucho que ver con los valores de sus componentes.

La aportación de la Dirección por Valores es mucho más interesante por el planteamiento en sí y por haber sido capaz de poner en evidencia lo realmente importante en la gestión de los Recursos

Humanos. No es una cuestión moral, se trata de reconocer que lo que moviliza a las personas está en su cabeza en forma de valores. Y que todo el entramado que en ella se ha establecido a lo largo de su educación, condiciona todos y cada uno de los pasos que se toman –consciente e inconscientemente– el resto de la vida. En la sociedad del conocimiento, los valores se convierten en los canalizadores de toda la información que en ella se maneja. En definitiva, los valores tienen el objetivo de convertir el conocimiento en decisiones.

Un *plano* en la cabeza

Las empresas deben darse cuenta que sus empleados son lo más preciado que tienen. En manos de sus empleados está la posibilidad de éxito o fracaso de una empresa. De ellos depende que todos y cada uno de los objetivos se cumplan en la dirección adecuada o no.

Es importante que los *nuevos* jefes formulen sus nuevas directrices en forma de valores. Un valor es una especie de señalización que, a raíz de nuestras experiencias, se ha colocado en nuestra red viaria de decisiones. Es decir, imagínese el cerebro como si fuera un mapa de una ciudad, con calles que se entrecruzan, edificios y rotondas que manejan la circulación.

Dicha circulación es el trasiego de decisiones que cada día hemos de tomar. En ese *mapa* se encuentran esos indicadores, colocados en los lugares en que se crea una encrucijada. Frente a una decisión la gente se pregunta «¿que hago?, ¿voy a la *derecha*, a la *izquierda*, *arriba*, *abajo*, no hago nada...?».

Ese es el gran reto de las personas en esta nueva etapa de la empresa. La capacidad de tomar decisiones en la dirección colectiva adecuada, sin manuales de instrucciones, ni jefes que se lo indiquen con una mirada de reojo. Las decisiones se cuelan por todos lados y frases como «a mí sólo me pagan para trabajar y no para pensar» o, «aquí se viene a trabajar y no a pensar» deben desterrarse para siempre.

Ya no se puede trabajar sin tomar decisiones. Todos tendremos que tomar decisiones y será crucial que las empresas sean capaces de pactar un *mapa* que ayude a los empleados a tomarlas en la dirección adecuada.

La conquista del comportamiento espontáneo

De nuevo, el profesor Huete del IESE da en el centro del problema cuando habla de la necesidad de *conquistar el comportamiento espontáneo* de los empleados.[1] Esa es la clave en el modelo de la Gestión por Valores: la capacidad que tenga la empresa para *conquistar* y no controlar –como lo ha venido haciendo hasta ahora– *el comportamiento espontáneo* de sus empleados.

El comportamiento espontáneo es, en definitiva, el resorte último de la Gestión por Valores. Es decir, un valor acaba siempre visualizándose en un comportamiento por muy insignificante que nos parezca.

Hasta la fecha las empresas han creado normas, leyes, y han necesitado de los mandos intermedios para vigilarlas. Consecuente-

1. Huete, L. M. *Servicios & Beneficios. La fidelización de los clientes y empleados. La inteligencia emocional en los negocios*. Bilbao: Deusto,1997.

Figura 19. El Mapa de los Valores

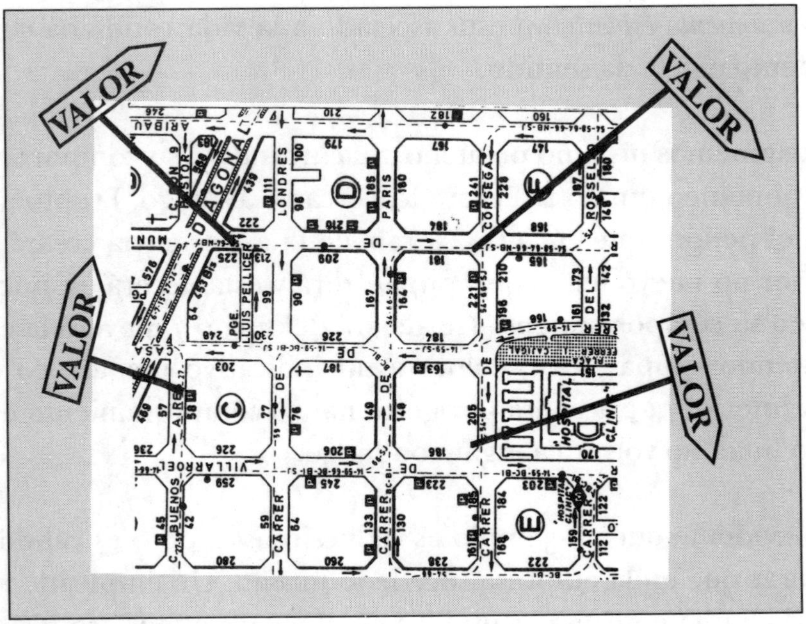

▶Nuestro cerebro es una red viaria que se organiza con la inclusión de letreros guía. Son los valores que acaban tejiendo el entramado de decisiones que tomamos cada día.

mente, era necesario encontrar el castigo –la bronca, en la empresa– adecuado para *apalancar* en el control del empleado.

Ahora es preciso cambiar este planteamiento y darse cuenta que un empleado lleva unos valores en su interior que deben coincidir con los de la empresa. Consecuentemente, se detecta la necesidad de que la organización busque, publique y sea coherente con sus valores. Eso facilitará que unos y otros –empleados y empleadores– puedan decidir sobre sus futuro.

En *Más allá de la comunicación interna* investigamos con José Mascaray el arquetipo que dominaba a los valores y certificamos que el *comportamiento espontáneo* está asociado a la vida cotidiana como el elemento que le da sentido.

Imaginemos un niño pequeño. Su curiosidad, su comportamiento espontáneo innato le llevará a acercarse al fuego. Pronto aprenderá el peligro que encierra. A raíz de la experiencia creará en su interior un nuevo lenguaje, «pupa», dirá y establecerá un nuevo ritual en su comportamiento (se alejará del fuego y moverá la cabeza repitiendo «pupa»). Así, colocará un indicativo inequívoco en su *mapa* interior que acabará por gestionar su comportamiento espontáneo final: no volverá a jugar con fuego.

Es evidente que el ejemplo es reduccionista, pero es válido para asegurar que en la empresa sucede lo mismo. Un empleado recién llegado a una empresa es un *niño* en el *mundo* que no conoce. Este empleado pondrá unos ojos como platos en su primer día de trabajo y observará con todo detalle lo que sucede en su alrededor. De pronto, oirá nuevos lenguajes, verá nuevas costumbres y de todo ello, acabará entendiendo cuál es la red viaria común que rige a todos sus nuevos compañeros.

Esta nueva red viaria donde son condicionadas todas las decisiones es la famosa Cultura de Empresa. Una especie de *supermapa* que contiene los grandes indicadores por donde todos sus componentes deben *viajar*. El gran problema de las empresas es que saben muy poco acerca de su propio mapa de valores. Y, a veces, parece que no desean saberlo.

Imaginemos lo siguiente: usted es un empleado de reciente incorporación a una empresa determinada. Es, en realidad, su primer día de trabajo. Usted tiene ganas de trabajar y en su particular mapa están todos aquellos indicativos que le han valido llegar hasta esta nueva ocupación. Usted llega a las instalaciones y con una sonrisa en los labios entona un alegre «Buenos días». Allí hay personal, jefes y empleados de la empresa trabajando. Todos lo miran. De pronto, alguien se le acerca y mientras le pone la mano en la espalda, grita mirando a sus compañeros «bueno, mirar, ya está aquí, ya tenemos un nuevo novatillo, el pringaíllo de primavera...». Usted deja entrever una sonrisa forzada y sin tiempo a contestar, le colocan en los brazos una caja llena de papeles desordenados «chaval, te ha tocado, a archivar las facturas del último año. Al sótano. Que todos hemos pasao por aquí...». Sin darse cuenta, se encuentra descendiendo a un frío sótano con unas cajas de inmensas dimensiones. Unas sonrisas socarronas le acompañan hasta el final de su trayecto, en su primer día de trabajo.

Usted no desfallece porque viene motivado de casa. Trabaja sin descanso y empieza a darse cuenta que no será tan complicada aquella tarea. Una sonrisa interior recorre su cuerpo, «manos a la obra», se dice.

Ha pasado el tiempo y se percata que hay ciertas acciones que podrían facilitar su trabajo. Con varios papeles en la mano sale del sótano y buscando ayuda en sus nuevos compañeros anuncia con inocencia «he visto que hay dos grandes grupos de facturas... y he pensado que...». No puede continuar, un silencio sepulcral se ha apoderado del lugar y, como si de un endemoniado se tratara, se abalanza sobre usted el que parece ser el jefe. Todo el mundo se aparta de su lado formando un pasillo hacia donde usted está. Aquel individuo tira al suelo el objeto que tenía en la mano y señalándole con el dedo dice: «uyuyuy, pero si nos han traído uno que piensa», y mientras mira a todos los demás, continúa gritando: «escucha pringao, aquí se viene trabajar... para pensar ya estoy yo, ¿vale?». Usted vuelve al sótano, y archiva, sencillamente, archiva.

Puede usted cambiar el contexto del ejemplo: ponga un hombre o una mujer en cada lado; cambie las palabras, pero siempre se detecta en estos casos lo mismo. Un comportamiento espontáneo, un lenguaje, unos rituales y finalmente unos valores como consecuencia individual y la aparición de una Cultura de Empresa como suma de los Valores Asociados. Y finalmente un nuevo comportamiento espontáneo: «pues, yo, a archivar. Que piensen otros».

En la sociedad del conocimiento, la Gestión por Valores implica orientar este arquetipo hacia los objetivos de las empresas y de las personas. Puede que pronto tengamos que crear una nueva figura en la empresa: el gestor de valores. Al fin y al cabo, hace tiempo que al director de Recursos Humanos se le pide que sea esa figura. Todo lo demás tiende a desaparecer.

La empresa libre es la empresa organizada

Puede que todo lo apuntado parezca todo lo contrario a la libertad, a la creatividad, a la participación de los empleados. Sin embargo, estoy plenamente convencido que la empresa organizada es la empresa libre, participativa y que da a sus empleados la posibilidad de encontrar su plenitud en su interior.

La *nueva* empresa debe marcar bien sus cuatro puntos cardinales. Debe informar claramente a sus empleados dónde empiezan y dónde terminan su *fronteras*. Pero nunca puede aceptarse que una empresa cambie cada día, por capricho, los límites de su gestión.

Figura 20. El Arquetipo de los Valores

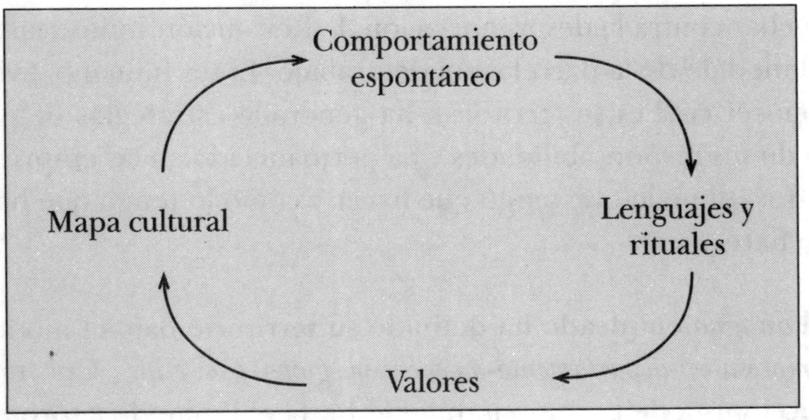

▶La conquista del comportamiento espontáneo viene dada por dos claves. La primera de ellas es la creación de un postulado de valores que identifiquen la relación entre empleados y empresas. Posteriormente será necesario fomentar (o erradicar lenguajes y rituales acordes con los valores negociados).

Hay demasiados jefes que juegan con el poder de su cargo y crean su particular *constitución*. La *nueva* empresa es honesta, coherente y ética porque conoce su norte, sabe sus límites y los comunica; deja participar a sus empleados y juntos buscan nuevos horizontes para la expansión de cada uno de ellos.

Reinventar el equipo

Hemos dejado un tiempo en el que, en su recta final, la Revolución Industrial ha tenido un papel importantísimo. Muchas otras cosas pasaron antes, pero nada ha sido tan influyente en nuestra forma de pensar como la Sociedad de la Producción.

Hoy en día, muchas empresas gestionan su vida cotidiana con las premisas de la Organización Científica del Trabajo. Con la excusa de luchar contra la desorganización, la Revolución Industrial impuso el modelo de la parcelación del trabajo. El ser humano, ávido de reconocer cuál es su territorio, ha generado estrategias de protección de sus responsabilidades y ha permanecido en las empresas diciendo: «dime lo que tengo que hacer y cómo lo tengo que hacer, y yo lo haré».

El *antiguo* empleado ha definido su territorio bajo el modelo de *mi-empresa-mi-departamento-mi-mesa-mi-goma-y-mi-clip*. Un modelo reduccionista de la responsabilidad hasta el límite de la protección del error, «si algo sale mal no es por mi culpa... yo hago lo que me dicen».

Con ello, una actividad crucial en los seres humanos murió: el trabajo en equipo. Las empresas deberán formar a sus empleados en la capacidad de trabajar en equipo y revitalizar «el buen rollo» entre todos los componentes de la empresa.

Guías y proveedores de conocimiento

En esta nueva era vamos hacia una nueva forma de vida en las empresas. Nada será igual en el futuro y son los llamados jefes quienes deberán dar el primer paso.

Para ello deberán darse cuenta de todo lo que significa este cambio, ya no deberán tener miedo «a los de arriba», ni fomentarlo; ya no pasarán cuentas al jefe superior, sencillamente porque no lo habrá y deberán darse cuenta que han de mirar hacia abajo, a sus empleados. Ellos son sus jefes superiores y a quienes deberán pasar cuentas.

Los *nuevos* jefes entienden esta nueva premisa y se preparan para ello. Son gente que busca el conocimiento para dárselo a los demás en forma más comprensible. Son personas que administran su poder para guiar a los demás hacia el éxito y que consideran el triunfo de los demás como el suyo. Su afán consiste en que los demás aprendan enseguida y sin fallos. Son gente que serán reclamados por una sociedad que necesita de personas que quieran transmitir inmediatamente lo que aprenden.

Las empresas necesitan *nuevos* maestros en una *nueva* y *desconocida* vida cotidiana. Les esperamos.

Figura 21. Cambios en las relaciones en el trabajo

De la parcelación	**a**	**la reagrupación**
De la experiencia	**a**	**la inteligencia**
Del individuo	**al**	**grupo**
De las normas	**a**	**los valores**
De la obediencia	**a**	**la decisión**

▶Al exigir los clientes cambios en las empresas, también se alteran las relaciones entre las empresas y los empleados. La organización interna de las empresas debe adaptarse a los nuevos requerimientos de la sociedad-mercado.

Epílogo y contacto con el autor

Esta es la continuación del libro *Organización Atenta*. Desde entonces, la Atención al Cliente se ha consolidado como uno de los más importantes planteamientos estratégicos de las empresas dándose cuenta que la única forma de diferenciarse de la competencia es añadiendo valor con la mejora del trato con el cliente.

A pesar de ello, las empresas tienen serias dificultades para ponerlo en marcha. La Atención al Cliente no es tan sencilla como crear un nuevo departamento en la organización de la empresa y saber vocalizar un «buenos días» con una sonrisa en los labios. Poco a poco, los empresarios son conscientes que sus estrategias de marketing y de comunicación –de expansión, en definitiva–, pasan por la integración global de sus planteamientos con la participación operativa de sus empleados en ellos. Por ello, la Atención al Cliente es un planteamiento estratégico que debe encontrar el encaje perfecto con todas y cada una de las acciones que se hagan en cada uno de los lugares y por cada uno de sus empleados.

Clientes Contentos de Verdad es un libro que insiste en esa necesidad de comprender la razón última de la Atención al Cliente, frente a *Organización Atenta*, que tenía una mirada mucho más operativa.

Finalmente, deseo agradecer a todos los lectores de *Organización Atenta* y de *Clientes Contentos de Verdad* el hecho de serlo. Escribir un libro es también una forma de Atención al Cliente y confío en haberlo hecho con el mayor valor añadido. Tanto en este nuevo libro como en la nueva edición de *Organización Atenta*, desearía invitar a todos los lectores a un nuevo proyecto. En la actualidad estoy recopilando casos reales de Atención al Cliente y desearía invitar a todos los lectores a que participen enviándome al e-mail joanelias@joanelias.com (o visite la web www.joanelias.com) todos los casos reales de Atención al Cliente en los que hayan experimentado una buena, y sobre todo, una mala atención por parte de la empresa, en cualquiera de sus ámbitos. Por otro lado, también desearía recopilar casos sobre anécdotas de peticiones desorbitadas de los clientes. Es decir, si usted está en un departamento de Atención al Cliente también me interesan los comportamientos «extraños» de los clientes o usuarios.

Es obvio que no es necesario tener una anécdota de cada caso para comunicarse conmigo y aceptaré con gratitud todo aquello que me sea enviado. Por otro lado, estoy a su disposición para recibir información, críticas y comentarios sobre el resultado de este libro y cualquier otra aportación al respecto de la Atención al Cliente. Gracias por todo ello.

Bibliografía de consulta

Alfonso Sánchez, J. L. *Servicios de salud. Técnicas avanzadas de marketing y planificación sanitaria*, Ed. Doyma, Barcelona, 1991.

Andrew, K. *Marketing de los servicios bancarios y financieros*, Ed. Deusto, Bilbao, 1989.

Cowell, D. W. *The marketing of services*, Heidemann, Londres, 1988.

Chias, J. *El mercado son personas: el marketing en las empresas de servicios*, Ed. McGraw-Hill, Madrid, 1991.

Donnelly, J.; Berry, L. L.; Thompson, T. W. *Marketing de servicios financieros*, Ed. Díaz de Santos, Madrid, 1989.

Eiglier, P.; Langeard, E. *Servucción. El marketing de servicios*, Ed. McGraw-Hill, Madrid, 1989.

Handy, C. *Más allá de la certidumbre*, Ed. Apóstrofe, Barcelona, 1997.

Figuereiro, K. *Coexistence between production and marketing in service companies: some empirical evidences*, IESE, Barcelona, 1986.

Frydman, A. *Z Marqueting I. La esencia del marketing para servicios*, Esc. Argentina de MK. Ediciones, Buenos Aires, 1994.

Frydman, A. *Z Marqueting II. Haciendo servicios exitosos*, Esc. Argentina de MK. Ediciones, Buenos Aires, 1994.

Huete, L. M. *Revitalizando los servicios*, Ed. Folio, Barcelona, 1997.

Larrea, P. *Calidad de servicio del marketing a la estrategia*, APD, Madrid, 1991.

Levit, T. *L'imagination au service du marketing*, Ed. Económica, París, 1985.

Lovelock, C.H. *Services marketing*, Ed. Pretince-Hall, New Jersey, 1984.

Marketing Publishing Center. *Nuevas orientaciones en el marketing de servicios*, Ed. Díaz de Santos, Madrid, 1990.

Michalko, M. *ThinkerToys, Cómo desarrollar la creatividad en la empresa*, Ed. Gestión 2000, Barcelona, 1999.

Newell, F. *Las nuevas reglas del marketing*, Ed. McGraw-Hill, México, 1997.

Nogueira Cobra, M; Zwarg, F. A. *Marketing de servicios. Conceptos y estrategias*, Ed. McGraw-Hill, Madrid, 1991.

Sewell, C y Brown, P. *Clientes para siempre*, Ed. McGraw-Hill, México, 1997.

Teruel Sierra, M. *Marketing financiero y de servicios de la Oficina Bancaria*, Publ. Universidad de Comillas, Madrid, 1995.

Wayland, R y Cole, P. *Cerca del cliente*, Ed. Deusto, Bilbao, 1998.